ATTAC

Tout sur Attac
2002

%

attac

ÉDITIONS MILLE ET UNE NUITS

Sous la direction de Bernard Cassen

Les Petits Libres
n° 38

% ASSOCIATION POUR LA TAXATION
DES TRANSACTIONS FINANCIÈRES
attac POUR L'AIDE AUX CITOYENS

Association pour la taxation des transactions financières pour l'aide aux citoyens (Attac), 6, rue Pinel 75 013 Paris.
Tél. : 01 53 60 92 40. Fax : 01 53 60 40 72. Courriel : attac@attac.org

Illustration de couverture : Boris Séméniako

Notre adresse Internet : www.1001nuits. com

© Mille et une nuits, département de la Librairie Arthème Fayard, mai 2002, pour la présente édition.
ISBN : 2-84205-580-2

SOMMAIRE

Tout sur Attac 2002

AVANT-PROPOS

Entre la première édition de *Tout sur Attac* et celle-ci, deux ans se sont écoulés. Nous avions promis une révision annuelle, mais nous n'avons pu tenir le pari. Non pas parce qu'il n'y aurait rien eu de nouveau à dire, mais, au contraire, parce que le développement de l'association a été tel que le temps nous a manqué pour en faire la chronique. La chronologie que l'on trouvera dans les pages suivantes est, à cet égard, édifiante. Ainsi, le Forum social mondial, événement qui structure désormais au niveau planétaire l'activité des mouvements citoyens contre la mondialisation libérale – et à la création duquel Attac a pris une part déterminante –, en était seulement à l'état de projet en mai 2000. Nos chantiers se sont démultipliés, nos effectifs se sont accrus de presque 50 %, le nombre de comités locaux en France a progressé dans les mêmes proportions, celui des Attac des quatre continents frôle maintenant la cinquantaine.

Ce succès continue d'intriguer : quels sont les ressorts de l'adhésion à une association qui se veut un mouvement d'éducation populaire tourné vers l'action ? Diverses recherches universitaires sont d'ailleurs en cours sur ce thème. Malgré son titre – *Tout sur Attac 2* – ce *vademecum*, pas plus que le précédent, ne prétend donner des réponses complètes à ces interrogations. Au fond, c'est toujours à chacun des membres d'Attac de formuler le sens de son engagement… Dresser un « état des lieux » ne peut qu'aider à cette clarification.

Cet ouvrage rassemble donc un grand nombre de documents et d'informations : comment l'association est née, sur quelles bases, comment elle a pris sa place dans le paysage des mouvements citoyens en France et au plan international, quels sont ses principaux textes de référence de ces dernières années, comment elle est organisée aux niveaux national et local, etc. En bref, il s'agit non seulement de conforter le sentiment d'appartenance militante de ses membres, mais aussi de satisfaire la curiosité de ceux, très nombreux, qui ont « entendu parler » d'Attac sans avoir encore franchi le pas de l'adhésion.

Bernard Cassen,
président d'Attac

CETTE ASSOCIATION
À NULLE AUTRE PAREILLE

Les associations se comptent par centaines de milliers en France, probablement autour de 800 000. Dans leur immense majorité, elles ont une vocation sectorielle, thématique. Même éphémères, même ponctuels, même parfois égoïstes, les regroupements de citoyens réapprenant à se parler, à interpeller et à s'organiser sont producteurs de démocratie.

En amont de ces pratiques de citoyenneté active, se situe la formation à cette même citoyenneté, dont l'éducation nationale n'est que l'un des éléments. Telle est l'ambition affichée, en France, depuis plus d'un siècle, par les associations dites de jeunesse et d'éducation populaire, dont la doyenne et l'archétype est la Ligue de l'enseignement, créée en 1866. Ces mouvements « historiques », qui regroupent des dizaines de milliers de cadres et des centaines de milliers d'adhérents, se sont retrouvés, cette dernière décennie, en décalage avec les organisations du « mouvement social » (associations de chômeurs, de « sans-logis », de « sans-papiers », etc.) qui concrétisaient pourtant bon nombre de leurs objectifs. Ils n'avaient pas non plus des relations structurées avec les organisations syndicales qui, elles aussi, sont autant d'« écoles » de citoyenneté.

La première originalité d'Attac, à l'initiative du Monde diplomatique, c'est précisément d'avoir, d'emblée, mis autour de la même table des composantes de ces trois mouvances, en y adjoignant des organes de presse, autour d'un objectif dans

lequel elles pouvaient toutes se reconnaître : reconquérir les
espaces perdus par la démocratie au profit de la sphère finan-
cière. Sa deuxième originalité est d'avoir bâti une configura-
tion articulant une direction nationale où les « personnes
morales » décrites plus haut ont un rôle prépondérant et des
structures locales – totalement autonomes dans le respect de la
plateforme constitutive de l'association – surtout composées
d'adhérents individuels. Disons-le franchement, cette architec-
ture n'avait pas été entièrement théorisée à l'avance : c'est le
développement d'Attac qui l'a « produite ». Et tout donne à
penser que l'avenir suscitera d'autres innovations…

Au départ, un éditorial

Décembre 1997. Parution, dans *Le Monde diploma-*
tique, de l'éditorial «Désarmer les marchés» d'Ignacio
Ramonet, directeur de la publication du mensuel,
concluant : «Pourquoi ne pas créer, à l'échelle planétaire,
l'organisation non gouvernementale Action pour une taxe
Tobin d'aide aux citoyens – Attac. En liaison avec les
syndicats et les associations à finalité culturelle, sociale
ou écologique, elle pourrait agir comme un formidable
groupe de pression civique auprès des gouvernements
pour les pousser à réclamer, enfin, la mise en œuvre effective de cet impôt mondial de solidarité.» La question
appelle des réponses et *Le Monde diplomatique* va en recevoir des milliers : courriers individuels, lettres d'associations, de syndicats, de journaux, tous prêts à soutenir
cette initiative.

16 mars 1998. Première rencontre de syndicats,
d'associations et d'autres publications, à l'invitation du
Monde diplomatique. Elle met en évidence l'intérêt de

créer une association nationale. Quelques éléments forts en ressortent :

– la rupture avec l'hégémonie de l'ultralibéralisme passe par la construction d'alternatives crédibles, portées par le plus grand nombre ;

– la taxation des transactions financières et, plus spécifiquement, celle de la spéculation sur les monnaies (taxe Tobin), apparaît comme un moyen de démontrer qu'il existe des alternatives pour – au moins – limiter l'insécurité économique et les inégalités sociales ;

– l'urgente nécessité d'enrayer les méfaits de la mondialisation financière appelle un sursaut civique et militant, transcendant les clivages habituels, en France et dans le reste du monde.

Ces quelques points vont servir, pour l'essentiel, à l'élaboration de la plate-forme d'Attac, sigle qui se déclinera désormais en « Association pour la taxation des transactions financières pour l'aide aux citoyens » afin de ne pas limiter son objet à la taxe Tobin et de l'étendre à la lutte contre tous les aspects de la domination de la sphère financière.

3 juin 1998. Assemblée générale constitutive. Les membres fondateurs adoptent la plate-forme et les statuts d'Attac. Ils élisent le premier conseil d'administration qui, à son tour, élit Bernard Cassen, directeur général du *Monde diplomatique*, président de l'association.

9 juin 1998. Première conférence de presse nationale.

4 août 1998. Attac accueille son millième adhérent.

17 octobre 1998. Première rencontre nationale à La Ciotat : 1 300 personnes répondent à l'invitation d'Attac, pourtant lancée sans grande publicité. La presse peut alors mesurer les attentes suscitées par la création de l'association. Les premières pierres de l'organisation locale sont posées à cette occasion.

20 octobre 1998. Les adhérents d'Ile-de-France sont invités à une première réunion. Ils sont presque un millier à se rendre au théâtre Le Divan du monde qui a mis sa salle à la disposition d'Attac.

1er décembre 1998. Attac compte 5 000 adhérents. À l'issue de plusieurs réunions, des statuts-type sont élaborés pour les comités locaux, créés ou en voie de création, et une première charte des rapports entre ces comités et l'association nationale est adoptée. Une première municipalité, Morsang-sur-Orge (Essonne), décide d'adhérer à Attac. Beaucoup d'autres suivront cet exemple.

11 et 12 décembre 1998. À l'issue d'une rencontre militante, tenue à Saint-Ouen, entre des représentants de mouvements citoyens de plusieurs pays, une plate-forme du mouvement international Attac est adoptée. Au cours de ces journées se dessinent les premiers contours de l'« Autre Davos » (janvier 1999) et des Rencontres internationales de Paris (juin 1999).

Fin décembre 1998. Attac lance sa pétition nationale pour la taxation des transactions financières, et notamment la taxe Tobin. Elle recueillera plus de 110 000 signatures qu'une délégation d'Attac remettra personnellement à Laurent Fabius, alors président de l'Assemblée nationale, à l'automne 1999.

25-30 janvier 1999 : semaine de l'« Autre Davos ». Le 25 janvier, un séminaire international d'économistes est organisé à Paris. Une déclaration finale, « Pourquoi la taxe Tobin », en concrétise les débats. Le 30 janvier, une conférence de presse alternative est tenue à Davos même, pendant que se déroule le Forum économique mondial. Cette manifestation a été organisée en liaison avec d'autres réseaux : Coordination internationale contre les clones de l'AMI, Forum mondial des alternatives et Saprin. Dans toute la France, de nombreux comités Attac organisent des manifestations ou des réunions publiques.

Février 1999. Le seuil des 100 comités locaux est franchi. Les réunions publiques, distributions de tracts, signatures de pétitions et de nombreuses autres initiatives originales se succèdent à un rythme croissant.

Avril 1999. Le premier bulletin aux adhérents, *Lignes d'Attac*, sort de l'imprimerie le 30 avril. Attac lance sa pétition européenne, soumise aux têtes de listes aux élections du 13 juin. La signeront : Daniel Cohn-Bendit, François Hollande, Robert Hue et Alain Krivine.

8 mai 1999. Première réunion nationale des animateurs des comités locaux à Paris.

3 juin 1999. L'association a une année d'existence. Ce même jour, le nombre d'adhérents franchit la barre des 10 000.

24-26 juin 1999. Les délégations de 80 pays (plus de 1 200 participants) participent, à l'université Paris 8-Saint-Denis, aux Rencontres internationales de Paris : « La dictature des marchés ? Un autre monde est possible », organisées par Attac, en liaison avec la Coordination internationale contre les clones de l'AMI, le Forum mondial des alternatives et le réseau DAWN. À l'issue des travaux, les participants manifestent en cortège à Paris, de la gare Saint-Lazare à la Bourse.

23 octobre 1999. Assises d'Attac à La Ciotat. La journée du 23 octobre est consacrée à la première assemblée générale de l'association. Un nouveau conseil d'administration est élu pour trois ans, qui se réunit le lendemain matin et réélit Bernard Cassen à la présidence d'Attac. Le premier livre collectif d'Attac, *Contre la dictature des marchés*, qui sort tout juste des presses, est présenté aux adhérents. À l'issue des assises, la décision est prise de poursuivre le partenariat entre l'association et la municipalité par l'organisation conjointe d'une université d'été à La Ciotat en août 2000.

Novembre 1999. Sur le thème «Le monde n'est pas une marchandise», large mobilisation, à l'initiative d'Attac, de la CCC-OMC et de la Confédération paysanne, à l'occasion du grand rassemblement anti-OMC prévu à Seattle le 30 novembre. Le 27 novembre, trois jours avant ce qui deviendra un événement historique, près de 80 manifestations unitaires sont organisées dans toute la France, le plus souvent à l'initiative des comités Attac. Elles rassemblent quelque 70 000 personnes, dont 20 000 à Paris.

Janvier 2000. Après le naufrage de l'*Erika,* les comités Attac du littoral atlantique jouent un rôle moteur dans la constitution et l'activité des comités anti-marée noire.

28-29 janvier 2000. Colloque national de Morsang-sur-Orge, co-organisé avec la municipalité : «Face à la mondialisation libérale, les collectivités, ancrages du sursaut citoyen ». Y participent environ 200 acteurs de la vie locale : élus, fonctionnaires territoriaux, responsables associatifs, syndicalistes. En conclusion des travaux, les participants adoptent l'«Appel de Morsang » sur les liens entre le mondial et les territoires, qui servira de matrice pour la tenue de multiples rencontres locales sur le même thème.

16 février 2000. Lors d'une rencontre à Paris entre le président d'Attac et deux responsables associatifs brésiliens, Oded Grajew et Chico Whitaker, est élaboré le concept de Forum social mondial, et Porto Alegre envisagée comme ville d'accueil en 2001.

19 février 2000. Deuxième réunion nationale des animateurs de comités locaux (plus de 150 fonctionnent à cette date) à la Bourse du travail de Saint-Denis. Ce jour-là, Attac franchit la barre des 20 000 adhérents.

4 mars 2000. Première rencontre, à Paris, des groupes Attac – constitués ou en voie de constitution – de différents pays d'Europe et des institutions de l'Union européenne, ainsi que de mouvements citoyens aux objectifs proches. Elle regroupe plus de 70 participants, venant de 16 pays, qui décident de coordonner leurs efforts et de se retrouver périodiquement.

6 mars 2000. Réunion, au théâtre Le Divan du monde à Paris, de plus de 250 adhérents appartenant aux métiers de la culture. Création d'un groupe Culture au sein d'Attac, qui se dote d'un collectif national.

9 mars 2000. Diffusion, sur ARTE, du documentaire *L'Autre Mondialisation* qui évoque notamment la genèse et l'action d'Attac jusqu'à Seattle.

9-10 mai 2000. Le président d'Attac France se réunit à Sao-Paulo avec les représentants des huit organisations qui constitueront le comité brésilien d'organisation du Forum social mondial. Ils rencontrent ensuite, à Porto Alegre, le maire de la ville, Tarso Genro, et le gouverneur de l'État de Rio Grande do Sul, Olivio Dutra, qui promettent le soutien logistique de leur collectivité au FSM.

22-25 juin 2000. Répondant à l'Appel de Bangkok, Attac co-organise à Genève un sommet alternatif des associations, ONG et syndicats de 60 pays, parallèle au sommet social des Nations unies, dit « Copenhague + 5 ». La résolution « Construire les voies d'un autre monde : mondialisons les résistances » est votée. Au cours des ateliers continentaux, sont définies les stratégies en vue des grandes rencontres internationales à venir. Prague et Nice sont prévus comme les deux prochains temps forts du calendrier européen.

C'est lors de cette rencontre de Genève que Miguel Rossetto, vice-gouverneur de l'État de Rio Grande do

Sul, annonce, sous les acclamations, la tenue du premier Forum social mondial à Porto Alegre en janvier 2001. Il appelle les mouvements sociaux et ONG du monde entier à y participer.

30 juin 2000. À Millau, à l'initiative de la Confédération paysanne, grand rassemblement de soutien aux producteurs de roquefort du Larzac, dont José Bové, mis en examen pour le démontage, en août 1999, du McDo de cette ville. Y participent environ 100 000 personnes. Attac a mobilisé ses adhérents, y tient un stand et y anime des forums.

23-26 août 2000. Première université d'été d'Attac à La Ciotat, avec plus de 700 participants.

4 septembre 2000. Parution du premier numéro de *Villes d'Attac*, bulletin de liaison, destiné aux collectivités, du groupe « Mondialisation et territoires » d'Attac, qui avait organisé le colloque de Morsang en janvier.

26-28 septembre 2000. À Prague, Attac participe aux manifestations contre la tenue de l'assemblée générale annuelle de la Banque mondiale et du FMI. Sous la pression des manifestants, les sessions du dernier jour sont annulées.

13-14 octobre 2000. À Bayonne, contre-sommet à l'occasion de la réunion du Conseil européen à Biarritz. La direction nationale d'Attac est présente dans les forums, et le comité Attac Pays basque est l'un des organisateurs de la manifestation qui se déroule à Bayonne.

27-28 octobre 2000. Assises et assemblée générale d'Attac à Saint-Brieuc, en présence de 1 200 adhérents (l'association compte alors 21 034 membres à jour de leur cotisation).

6-7 décembre 2000. À Nice, contre-sommet à l'occasion de la réunion du Conseil européen qui va adopter un nouveau traité prolongeant celui d'Amsterdam (1997). Prenant la suite du cortège syndical, Attac participe, avec d'autres mouvements sociaux d'Europe, à la grande manifestation du 6 décembre organisée par la Confédération européenne des syndicats (CES) sur le thème de l'Europe sociale. Attac dénonce le rôle des politiques européennes comme moteurs de la mondialisation libérale et préconise, dans un document, une série de mesures pour donner à la construction européenne une véritable dimension démocratique, sociale et écologique.

16 décembre 2000. Première réunion de la Conférence nationale des comités locaux (CNCL) créée à partir d'un vœu de l'assemblée générale de Saint-Brieuc, lui-même entériné par le Conseil d'administration. La CNCL se réunira désormais trois fois par an.

25-30 janvier 2001. À Porto Alegre, dans l'État de Rio Grande do Sul, au Brésil, le premier Forum social mondial (FSM) s'ouvre le même jour que le Forum économique mondial à Davos (Suisse). Près de 13 000 personnes, dont environ 4 000 délégués d'associations et syndicats, ainsi que des élus nationaux et locaux, y participent. Attac s'est fortement investie dans ce FSM. Avec son mot d'ordre «Un autre monde est possible», Porto Alegre devient un symbole planétaire de la résistance à la mondialisation libérale et un espace d'élaboration d'alternatives à lui opposer.

10 mars 2001. À la veille de l'entrée triomphale de la marche de l'Armée zapatiste de libération nationale (EZLN) à Mexico, où 400 000 personnes se rassemblent sur le Zocalo, le président d'Attac s'entretient à Xochimilco avec le sous-commandant Marcos. Sont également présents à cette rencontre Danielle Mitterrand et José Bové. Marcos accroche l'insigne d'Attac sur sa vareuse et déclare son intention, lorsque les circonstances le lui permettront, de constituer une organisation politique qui s'incorporera au réseau international Attac.

Avril 2001. À Québec, Attac participe aux forums et manifestations organisés contre le «sommet des Amériques» destiné à créer une Zone de libre échange des Amériques (ZLEA ou ALCA en espagnol et portugais), de l'Alaska à la Terre de Feu. Ce projet est combattu par tous les mouvements sociaux comme une tentative de recolonisation de l'Amérique latine et comme une grave menace contre les droits sociaux et l'environnement dans l'ensemble des pays du continent.

Mai-juin 2001. Attac soutient et relaie la campagne de boycottage contre la multinationale Danone décidée par ses salariés de Calais et Ris Orangis, après la décision de fermer les usines LU de ces deux localités. Ce n'est pas que LU perde de l'argent, au contraire : le retour sur fonds propres est de 8 % ! Mais les actionnaires exigent 15 %, d'où ces licenciements de convenance boursière, caractéristiques du nouveau capitalisme actionnarial.

9 juin 2001. Journée d'action, baptisée «Étonnants paradis », contre les paradis fiscaux de Jersey et d'Andorre. Venus de Saint-Malo, où sont organisés divers forums et activités festives, des délégués de comités locaux d'Attac France, ainsi que des représentants d'autres Attac d'Europe, rencontrent le bailli (gouverneur) de Jersey et l'association des banquiers. À l'initiative du comité Attac Ariège, des actions symboliques sont également organisées à la frontière andorrane.

Ce même jour, Attac participe à la manifestation de solidarité avec les travailleurs de LU, convoquée par les intersyndicales. Une pétition rassemblant 60 000 signatures est remise à l'Assemblée nationale.

14 juin 2001. À Oslo, le président d'Attac, accompagné de Gisèle Halimi, reçoit le prix international Sophie 2001, d'un montant de 100 000 dollars, décerné par la Fondation internationale Sophie ayant son siège en Norvège. Attac est ainsi distinguée pour avoir, entre autres, « redonné de l'espoir aux millions de personnes qui subissent les ravages de la mondialisation libérale».

14-16 juin 2001. Contre-sommet des mouvements citoyens européens organisé à Göteborg, en Suède, à l'occasion du Conseil européen. Vingt mille personnes manifestent pacifiquement. À des actes de violence provocateurs, qui sont le fait d'une toute petite minorité, la police répond de manière totalement disproportionnée par des tirs à balles réelles qui blessent trois jeunes manifestants, dont un très grièvement. Attac dénonce cette «première» européenne dans la gestion des actions de rue.

15-21 juillet 2001. Attac est très présente au contre-sommet de Gênes organisé par le Genoa Social Forum (GSF) pour protester contre la tenue de la réunion du G 8. Une machination de grande envergure est préparée par le gouvernement Berlusconi pour tenter de criminaliser les manifestants pacifiques. Le 20 juillet, le jeune Carlos Giuliani est tué par les carabiniers. Le 21, une manifestation géante de 200 000 personnes est réprimée sauvagement en prenant prétexte de «violences» commises par des éléments provocateurs infiltrés par la police. Au total, des centaines de manifestants, dont des membres d'Attac France, sont arrêtés et parfois victimes de graves sévices. On compte plus de 600 blessés.

24-28 août 2001. À Arles, deuxième université d'été d'Attac, en présence de plus de 700 personnes.

21-23 septembre 2001. Le Congrès européen citoyen,

organisé par Attac Belgique, se déroule à Liège en parallèle au Conseil des ministres de l'économie et des finances européens (Ecofin). Attac a demandé à ce Conseil de se prononcer en faveur d'une zone Tobin en Europe. En fait, les ministres demandent simplement à la Commission européenne, dont les conceptions ultralibérales sont bien connues, de préparer une étude sur le sujet.

3-4 novembre 2001. Assises et assemblée générale d'Attac à Tours.

10 novembre 2001. En partenariat avec d'autres mouvements, Attac organise de nombreuses manifestations dans toute la France contre la conférence ministérielle de l'OMC à Doha, au Qatar, qui entend lancer un *nouveau* cycle de négociations et poursuivre la libéralisation de l'agriculture et des services dans le cadre de l'AGCS. Ces manifestations n'atteignent cependant pas l'ampleur de celles de novembre 1999 : l'impact du 11 septembre se fait encore sentir.

19 novembre 2001. l'Assemblée nationale vote un amendement à la loi de finances 2002 prévoyant la mise en place de la taxe Tobin en France, sous réserve que les autres pays européens en fassent autant.

7-8 décembre 2001. Deuxième rencontre de Morsang-sur-Orge avec le réseau des collectivités locales adhérentes d'Attac.

13-15 décembre 2001. Attac France et d'autres Attac d'Europe participent au sommet alternatif au Conseil européeen de Bruxelles-Laeken. La manifestation citoyenne du samedi 15 se déroule sans incidents majeurs.

Fin décembre 2001. Attac compte 28 000 adhérents à jour de leur cotisation, et 230 comités locaux.

19 janvier 2002. Attac est au Zénith, à Paris, et en force : 6 000 personnes sont présentes, un millier d'autres n'ont pu entrer! Cette rencontre constitue l'acte de lancement du *Manifeste 2002* d'Attac destiné à introduire les analyses et les propositions de l'association dans le débat électoral. (Lire l'ouvrage *Attac au Zénith,* chez le même éditeur.)

31 janvier-5 février 2002. Deuxième édition du Forum social mondial à Porto Alegre, à laquelle Attac participe très activement. Plus de 13 000 délégués, en tout près de 60 000 participants. C'est le plus grand rassemblement mondial depuis le 11 septembre. Le Conseil international du FSM décide que le prochain FSM aura à nouveau lieu à Porto Alegre en janvier 2003, et il encourage la tenue de Forums sociaux régionaux. Le premier Forum social européen (FSE) est prévu en Italie au début de novembre 2002. En 2003, c'est Paris et Saint-Denis qui l'accueilleront. Pour la première fois, l'ensemble des Attac du monde (une quarantaine à ce moment-là) se réunissent et décident d'actions communes, aux plans régional et mondial. Un prochain livre rassemblera les principaux textes du FSM.

8 mars 2002. À Bruxelles, première réunion de préparation du Forum social européen de 2002. Y sont présents des représentants d'une vingtaine de pays, dont une dizaine d'Attac d'Europe.

14 au 16 mars 2002. Contre-sommet alternatif au Conseil européen de Barcelone. Plusieurs centaines de membres et sympathisants d'Attac tentent de s'y rendre. Certains resteront bloqués à la frontière par les autorités espagnoles, avec le concours des autorités françaises. La manifestation «Contre l'Europe du capital» du samedi 16 mars est un immense succès : environ 400 000 personnes.

8 avril 2002. Constitution du collectif français de préparation du Forum social européen.

Se réapproprier ensemble
l'avenir de notre monde

La mondialisation financière aggrave l'insécurité économique et les inégalités sociales. Elle contourne et rabaisse les choix des peuples, les institutions démocratiques et les États souverains en charge de l'intérêt général. Elle leur substitue des logiques strictement spéculatives exprimant les seuls intérêts des entreprises transnationales et des marchés financiers.

Au nom d'une transformation du monde présentée comme une fatalité, les citoyens et leurs représentants se voient disputer le pouvoir de décider de leur destin. Un tel abaissement, une telle impuissance nourrissent la progression des partis antidémocratiques. Il est urgent d'enrayer ce processus en créant de nouveaux instruments de régulation et de contrôle, aux plans national, européen et international. L'expérience indique assez que les gouvernements ne le feront pas sans qu'on les y encourage. Relever le double défi d'une implosion sociale et d'une désespérance politique exige donc un sursaut civique et militant.

La liberté totale de circulation des capitaux, les paradis fiscaux et l'explosion du volume des transactions spéculatives acculent les États à une course éperdue aux faveurs des gros investisseurs. Au nom de la modernité, 1 500 milliards de dollars vont et viennent chaque jour sur les marchés des changes à la recherche d'un profit instantané, sans rapport avec l'état de la production et du commerce des biens et services. Une telle évolution a pour conséquences l'accroissement permanent des revenus du capital au détriment de ceux du travail, la généralisation de la précarité et l'extension de la pauvreté.

Désormais, sous couvert de sécurité, les salariés sont invités à troquer leurs systèmes de retraite contre un mécanisme de fonds de pension qui aboutit à soumettre un peu plus leurs propres entreprises aux seuls impératifs de la profitabilité immédiate, à y aggraver les conditions de travail, à étendre la zone d'influence de la sphère financière et à persuader les citoyens de l'obsolescence de constructions solidaires entre nations, peuples et générations.

Au prétexte du développement économique et de l'emploi, les pays membres de l'OCDE n'ont pas renoncé à signer un Accord multilatéral sur les investissements (AMI) qui donnerait tous les droits aux investisseurs et imposerait tous les devoirs aux États. Dans le même temps, la Commission européenne et certains gouvernements entendent poursuivre leur croisade libre-échangiste par la mise en place d'un Nouveau marché transatlantique (NTM) visant ouvertement à asseoir l'hégémonie des États-Unis dans l'audiovisuel et à démanteler la politique agricole commune (PAC).

La plupart des engrenages de cette machine inégalitaire, entre Nord et Sud, comme au cœur des pays développés eux-mêmes, peuvent encore être enrayés. Trop souvent, l'argument de la fatalité se nourrit de la censure de l'information sur les alternatives. C'est ainsi que les institutions financières internationales et les grands médias (dont les bénéficiaires de la mondialisation sont souvent propriétaires) ont fait le silence sur la proposition de l'économiste américain James Tobin, prix Nobel d'économie, de taxer les transactions spéculatives sur les marchés des devises. Même fixée à un taux particulièrement bas de 0,05 %, la taxe Tobin rapporterait près de 100 milliards de dollars par an. Collectée, pour l'essentiel, par les pays industrialisés, où sont localisées les grandes places financières, cette somme pourrait être reversée aux organisations internationales pour des actions de lutte contre les inégalités, pour la promotion de l'éducation et de la santé publique dans les pays pauvres, pour la sécurité alimentaire et le développement durable. Un tel dispositif mettrait du sable dans les rouages de la spéculation. Il alimenterait des logiques de résistance, redonnerait des marges de manœuvre aux citoyens et aux États et, surtout, signifierait que le politique reprend le dessus.

À cette fin, les signataires se proposent de créer l'association, Attac (Association pour la taxation des transactions financières pour l'aide aux citoyens) qui leur permettra de produire et de diffuser de l'information pour agir en commun, tant dans leurs pays respectifs qu'aux niveaux européen et international. En vue d'entraver la spéculation internationale, de taxer les revenus du capital, de sanctionner les paradis fiscaux, d'empêcher la généralisation des fonds de pension et, d'une manière générale, de reconquérir les espaces perdus par la démocratie au profit de la sphère financière et de s'opposer à tout nouvel abandon de souveraineté des États au prétexte du « droit » des investisseurs et des marchands. Il s'agit tout simplement de se réapproprier ensemble l'avenir de notre monde.

Plate-forme d'Attac
adoptée par l'Assemblée constitutive du 3 juin 1998

Attac et le politique

Ce texte reprend, pour l'essentiel, le rapport du Bureau à l'Assemblée générale de Tours. Il est volontairement limité aux rapports aux partis politiques, élus et collectivités locales.

Attac et le politique est une question récurrente depuis la naissance de l'association. Nous devons éviter une illusion : celle de croire que nous pourrons, comme par miracle, résoudre tous les problèmes et éviter d'être pris dans un certain nombre de contradictions. Nous pourrons au mieux avoir une méthode pour y répondre.

Un acteur politique

Attac fait de la politique au sens premier et le plus noble du terme : nous nous occupons des affaires de la Cité. Lutter contre la marchandisation du monde, contre la domination de la finance, c'est remettre en cause l'ensemble des rapports économiques et sociaux aujourd'hui dominants, c'est aussi remettre en cause l'ordre politique qui les porte. Notre objectif est de redonner aux peuples, aux citoyens, les moyens de redevenir maîtres de leur destin. Il s'agit donc d'un objectif hautement politique qui vise à conquérir des espaces démocratiques, à permettre le développement de processus démocratiques. Portant des objectifs politiques, Attac se situe donc dans le champ politique. Il est donc assez naturel que nous nous trouvions confrontés à d'autres acteurs se situant dans le même champ, notamment les partis politiques. Nous sommes donc amenés à débattre avec eux, à agir avec eux ou contre eux.

Une différence apparaît immédiatement entre Attac et les partis politiques : ces derniers se présentent aux élections, ce qui n'est pas notre cas. Cette différence renvoie en fait à une différence de fonction. Les partis se situent du côté du pouvoir. Soit ils l'occupent, soit ils visent à l'occuper, y compris pour les plus radicaux d'entre eux. Attac se situe du côté du contre-pouvoir. Nous voulons construire des contre-pouvoirs dans la société pour que les citoyens puissent conquérir des espaces de liberté qui leur permettent d'influencer le cours des choses. C'est dans cette dialectique compliquée entre pouvoir et contre-pouvoir qu'il faut situer les rapports entre Attac et les partis politiques.

Quels principes ?

Deux bornes délimitent nos rapports avec les partis : ni diabolisation, ni marchepied. Nous refusons toute diabolisation, car nous savons que les partis sont nécessaires à l'exercice de la démocratie. Tout discours anti-parti est porteur de dérives populistes et autoritaires dangereuses pour l'exercice de la démocratie. Cette reconnaissance du rôle des partis doit avoir pour corollaire le refus de toute instrumentalisation de leur part. Attac ne sert de marchepied à personne.

Cette indépendance est d'abord garantie par les orientations que nous décidons ensemble. Le bilan, de ce point de vue, est éloquent. De la taxe Tobin à l'épargne salariale, en passant par l'OMC et l'*Erika*, sans oublier la loi de modernisation sociale, nous avons su déterminer nos positions indépendamment de toute préoccupation politicienne, et l'absence de complaisance a été notre règle.

Cette indépendance est vérifiée au jour le jour par ce que nous faisons. Ce sont nos actions, visant à transformer le monde, qui permettent à tous de voir comment nos discours se transforment en actes. Ils sont la pierre de touche de notre indépendance. D'où l'importance des discussions que nous devons avoir collectivement sur les questions de stratégie d'action.

Cette indépendance se vérifie aussi dans notre pluralisme, dans l'origine diversifiée de nos adhérents. Les adhérents des partis sont les bienvenus à Attac. Mais cela suppose de leur part, comme de tout adhérent d'Attac, de respecter les règles de fonctionnement de l'association ainsi que ses valeurs fondatrices. Nous refusons donc conjointement toute instrumentalisation d'Attac par telle ou telle organisation politique et toute chasse aux sorcières contre des adhérents de partis. Les problèmes qui peuvent se poser doivent être traités politiquement par le débat, la conviction, même si cela n'est pas facile quelquefois.

Quelles règles, quels problèmes ?

Les règles sont au nombre de trois. Les dirigeants nationaux d'Attac ne doivent être présents sur aucune liste électorale. Une telle règle devrait d'ailleurs également s'appliquer aux responsables locaux pour éviter tout risque de confusion. Le bilan des élections municipales de 2001 est, de ce point de vue, largement positif avec un nombre réduit de problèmes. Nous refusons l'adhésion de structures politiques locales et *a fortiori* nationales. Après quelques flottements, c'est ce qu'a décidé le Conseil d'administration en juillet 2000. Attac discute avec tous les partis politiques se situant dans « l'arc démocratique », ce qui exclut l'extrême-droite.

Ces règles ne résolvent pas tous les problèmes. Deux d'entre eux sont une source de tensions régulières dans l'association : le rapport aux élus, en particulier les députés ; le rapport aux collectivités locales, en particulier les municipalités. Un principe guide nos rapports avec eux : ni les élus, ni les collectivités locales n'interviennent en tant que tels dans l'élaboration des objectifs et de la stratégie de l'association.

Les élus

Les regroupements d'élus ne forment pas un comité Attac, cette dénomination étant réservée aux comités locaux qui sont la structure de base de l'association. Ils constituent une « coordination des élus membres d'Attac ». Cette appellation, si elle a le mérite de clarifier le vocabulaire employé, ne résout pas les contradictions dans lesquelles nous nous trouvons.

Les élus sont membres d'Attac, mais se ne sont pas des élus Attac. Ils n'ont de comptes à rendre qu'à leurs électeurs et au parti sous l'étiquette duquel ils se sont fait élire. L'engagement des élus vis-à-vis d'Attac, en particulier les députés et sénateurs, s'est fait, à l'origine, sur la taxe Tobin. Or nous avons élargi notre champ d'intervention, et ce sans discussion particulière avec eux. Enfin, le fonctionnement institutionnel de la Ve République et des partis leur laisse très peu de marge de manœuvre, surtout en période préélectorale.

Une fausse solution consisterait à rompre toute relation avec eux. Elle ne résoudrait aucun problème. D'abord, parce que rien n'empêcherait un élu de continuer à se réclamer d'Attac, mais, surtout, parce qu'une telle solution serait une preuve de faiblesse, le signe d'un échec. Elle marquerait notre incapacité à peser politiquement sur les institutions. Nous aurions ainsi tous les inconvénients d'élus pouvant se réclamer d'Attac, sans en avoir les avantages.

Disons-le nettement, nous ne trouverons pas de solution miracle aux problèmes qui peuvent apparaître dans nos rapports avec les élus. Nous devons mieux travailler avec eux, mieux débattre et discuter pour mieux convaincre. Il faut intervenir plus en amont pour identifier les points de désaccords et voir comment les traiter. Le cas de la loi sur l'épargne salariale illustre parfaitement les difficultés que nous pouvons rencontrer et les carences de notre intervention. Cette loi était considérée comme emblématique par le gouvernement, d'où la pression très forte sur les députés. Face à cela, nous avons discuté très tardivement avec eux et nous ne nous sommes pas mis en situation de les convaincre. Et ce d'autant plus que nous avons été incapables, malgré de nombreuses réunions publiques, de créer le moindre rapport de forces sur ce sujet, le mouvement syndical étant très divisé. Sans rapport de forces social, notre capacité de conviction, de plus déployée tardivement, pèse peu face aux impératifs de la solidarité avec le gouvernement.

Les collectivités locales

Être capable d'analyser et d'agir sur l'impact local de la mondialisation libérale est d'une importance majeure pour l'enracinement d'Attac au plus près des préoccupations de nos concitoyens. Dans ce cadre, les rapports avec les municipalités sont un enjeu important pour Attac et les comités locaux. C'est ce qui nous a amenés en janvier 2000 à organiser un premier colloque à Morsang-sur-Orge – d'où est sorti un important appel – et puis un deuxième, dans cette même ville, les 7 et 8 décembre 2001. C'est aussi ce qui nous a amené à accepter l'adhésion des collectivités locales, à mettre en place un «réseau des collectivités membres d'Attac» et à publier régulièrement le journal «Villes d'Attac». Cette activité a paru à ce point importante qu'un membre du Bureau en est spécialement chargé.

L'adhésion à Attac des collectivités locales, en particulier les municipalités, n'est cependant pas sans poser problème : tentation de certaines municipalités adhérentes d'instrumentaliser l'association à leur profit ; mesures prises pouvant être contradictoires avec nos orientations. Ces problèmes renvoient aux fonctions différentes d'Attac et d'une municipalité. Cette dernière est un lieu de pouvoir, un organe de gestion avec tout ce que cela signifie d'impératifs. Attac vise à construire des contre-pouvoirs et à impulser des mobilisations citoyennes.

Quelles que soient les difficultés, les rapports avec les municipalités constituent un enjeu majeur. Ils doivent se faire dans la clarté. Les orientations d'Attac au niveau local relèvent du comité local et de ses adhérents. Elles sont déterminées de façon totalement indépendante de la municipalité que celle-ci soit ou pas adhérente d'Attac. Des conflits peuvent exister. L'essentiel est qu'ils soient gérés de telle façon que les enjeux en soient clairs pour la population et qu'ils donnent lieu à de réels débats. Il faut éviter toute attitude qui pourrait être assimilée à une démarche politicienne.

Un mouvement d'éducation populaire
tourné vers l'action

C'est au moment où certains militants, membres ou non de mouvements d'éducation populaire regroupés au sein du Cnajep [1] s'interrogent sur la pertinence de cette dénomination que, précisément, Attac la revendique. Et ce pour deux raisons. La première est que la grande tradition de l'éducation populaire française, depuis la fondation, en 1866, de la Ligue de l'enseignement, constitue un capital dans lequel toute association peut encore largement puiser. La seconde est que cette dénomination rend fort bien compte de l'une des facettes de l'activité d'Attac.

Dans sa plate-forme commune, le Cnajep rappelait il y a peu l'actualité d'un concept, celui d'éducation populaire, « que certains ont trop vite archivé au rayon des souvenirs, alors que l'actualité nous montre qu'il demeure le lien social indispensable à toute politique de prévention, d'insertion, d'intégration collective et à toute action de création et de communication ». Ce rappel nécessaire ne saurait cependant masquer le fait que les associations et fédérations « historiques », qui se sont consacrées à la formation à la citoyenneté pendant des décennies, n'ont pas su s'articuler avec les mouvements sociaux de ces dernières années qui, eux, se veulent des acteurs directs de la citoyenneté active, ici et maintenant, sur les terrains les plus divers : des mouvements de chômeurs ou de sans-logis à « ceux de de Seattle », en passant par les sections françaises des grandes ONG internationales (Green-

---

1. Comité pour les relations nationales et internationales des associations de jeunesse et d'éducation populaire (Cnajep).

peace, Amnesty, etc.). Visiblement la mayonnaise n'a pas encore pris entre des structures que tout devrait rapprocher, tant leurs objectifs civiques sont convergents. À son modeste niveau – et c'est là une de ses originalités – Attac se reconnaît dans les unes et les autres, et regroupe en son sein des militants et des organisations de chacune de ces catégories.

Il y a à cela une raison bien simple : les grands objectifs d'Attac pourraient figurer dans le préambule des statuts de toutes les organisations anciennes et nouvelles visées plus haut. Car, dès lors que «ce sont les marchés qui gouvernent», comme on nous le ressasse en permanence, le refus de leur dictature constitue un préalable au plein exercice de la démocratie. En luttant, entre autres, pour la taxation des transactions financières (et notamment pour la taxe Tobin), contre les paradis fiscaux, contre le libre-échangisme débridé prôné par l'OMC qui soumet les faibles au bon vouloir des puissants, pour l'annulation de la dette du tiers-monde, contre le hold-up des multinationales sur le vivant et contre les fonds de pension, Attac vise à redonner des marges de manœuvre au politique, et donc à la capacité d'intervention des citoyens. Ces grands objectifs « surplombent » en quelque sorte les objectifs plus spécialisés ou thématiques de multiples organisations. En ce sens, ils relèvent de la même démarche que celle des mouvements d'éducation populaire traditionnels.

Attac rejoint également leur logique par sa dynamique de formation et d'auto-formation de ses membres. Quiconque a participé à l'une des activités des quelque 230 comités locaux de l'association en France (et elles se comptent par centaines chaque mois) a pu noter l'immense volonté d'apprendre des militants, qui se traduit par de multiples conférences débats, par des expositions, par l'édition de brochures, par des livres, par des travaux de vulgarisation et des sessions de formation assurées par les comités eux-mêmes avec les ressources du cru. Attac – sous l'impulsion de son Conseil scientifique regroupant des universitaires, des chercheurs et des syndicalistes – s'est transformée en une université populaire à l'échelle du pays et, très logiquement, elle va organiser à la fin du mois d'août 2000 et 2001, respectivement à La Ciotat et à Arles, des universités d'été méritant véritablement ce nom. Mais cette soif d'apprendre, d'appréhender des mécanismes économiques et financiers que l'on nous présente volontiers comme réservés aux « experts » a une finalité bien précise : agir. Comprendre pour agir.

Le militant type d'Attac (et les quelque 30 000 membres que compte actuellement l'association sont autant de militants types !) se plonge dans les documents, notamment ceux publiés sur le site Internet de l'association, mais il descend aussi dans la rue. Il ne sépare pas l'apprentissage des rouages de l'OMC ou de la spéculation sur les marchés des changes de la distribution de tracts, de la signature de pétitions, de l'interpellation des élus et de la participation à des manifestations. C'est ainsi que, le 27 novembre 1999, trois jours avant le début de la « bataille » de Seattle, l'association, avec beaucoup d'autres, avait pu organiser 80 manifestations en France métropolitaine et d'outre-mer, qui avaient rassemblé près de 70 000 personnes. Et l'on sait à quel point l'association a été présente à Nice, Göteborg, Gênes, Bruxelles, Barcelone ces deux dernières années.

C'est pourquoi Attac peut, à juste titre croyons-nous, se définir comme un mouvement d'éducation populaire tourné vers l'action. Action nationale, mais aussi euro-

péenne et internationale contre les ravages de l'ultralibéralisme et pour, comme le dit sa plate-forme, «reconquérir
les espaces perdus par la démocratie au profit de la sphère
financière» et «se réapproprier ensemble l'avenir de notre
monde».

*Ce texte est la version très légèrement actualisée
d'un article originellement publié par Bernard Cassen
dans un supplément de* Politis *(hors-série, février-
mars 2000) consacré à l'éducation populaire.*

VERS UN NOUVEL
INTERNATIONALISME

*S'attaquer, en France, à la mondialisation libérale, ou glo-
balisation, c'est immédiatement s'exposer à un tir croisé.
D'un côté, celui des néolibéraux assumant ouvertement leurs
convictions – elles-mêmes, le plus souvent, reflets de leurs
intérêts –, et, de l'autre, celui, plus inattendu, d'une catégorie spécifiquement hexagonale, pour ne pas dire « pari-
sienne » : celle des « repentis » de l'internationalisme d'antan,
reconvertis dans un libéralisme honteux et omniprésents dans
la « bulle » médiatique.*

*Pour les premiers, les choses sont simples : la globalisation
des marchés constitue l'« avenir radieux » de l'humanité ; s'y
opposer relève donc de l'ignorance crasse, voire – sans rire – de
la volonté de nuire aux plus démunis. Il faut donc « libéraliser » toujours plus. Les seconds, eux, fonctionnent sur le registre
du soupçon inquisitorial : s'opposer à la mondialisation ne
serait-ce pas, consciemment ou non, faire le lit du nationalisme, voire – on l'a lu – du lepénisme, et, plus récemment, du
« terrorisme » ?*

*Attac a essuyé sereinement ce double type de critiques trop
intéressées pour être honnêtes. Aux libéraux opérant à visage
découvert, il devrait suffire de rappeler le bilan désastreux et
qui, malheureusement, va chaque année en s'aggravant, des
politiques conduites sous l'égide de la Banque mondiale, du
FMI, de l'OCDE et de l'OMC. Ils se trouvent même pris à*

revers par certaines de ces organisations qui versent, à l'occasion, dans la repentance.

Pour les «repentis» médiatiques, Seattle aurait dû provoquer une révision déchirante : on y a vu les syndicalistes américains au coude-à-coude, entre autres, avec les paysans brésiliens et les mouvements citoyens français. Il en est allé de même à Washington, contre le FMI; au Québec, contre le «sommet des Amériques», sans parler de Porto Alegre. Exit, donc, le prétendu «nationalisme». Qu'ils cessent enfin de se faire du mal en fantasmant : Attac entend pleinement jouer son rôle en France – parce que c'est une association française –, mais aussi dans une Europe que nous ne confondons pas avec celle de la Banque centrale de Francfort. Et, évidemment, au niveau international avec nos multiples partenaires de tous les continents, dont les Attac de près d'une cinquantaine de pays. Tel est le nouvel internationalisme que nous voulons promouvoir « pour nous réapproprier ensemble l'avenir de notre monde ».

L'Union européenne,
moteur de la mondialisation libérale

Les moteurs de la mondialisation libérale ne sont pas seulement les firmes transnationales, les marchés financiers et les institutions multilatérales qui leur servent de relais (FMI, Banque mondiale, OCDE, OMC). Ce sont aussi les gouvernements des grands pays industrialisés et, en ce qui concerne l'Europe institutionnelle, la Commission européenne et le Conseil européen.

La Commission, qui détient le monopole des propositions d'actes législatifs communautaires, est depuis longtemps acquise aux thèses ultralibérales et, dans le domaine où elle dispose de pouvoirs autonomes, celui de la concurrence, elle poursuit sys-

tématiquement son offensive contre les services publics, pour les privatisations et, au niveau international – à l'OMC en particulier – pour la « libéralisation » à outrance du commerce des biens et des services. La Commission est donc une institution dont Attac, dans les champs d'intervention que prévoit sa plateforme, ne peut que vigoureusement combattre les politiques.

Le Conseil européen, qui regroupe les chefs d'État et de gouvernement des Quinze, est l'instance d'impulsion et d'orientation des politiques de l'Union européenne, dont la Commission (par ses propositions), les États membres (par les positions qu'ils prennent en conseil des ministres spécialisé (Conseil de l'Union) et le Parlement (dans les domaines où il dispose du pouvoir de codécision) sont les acteurs opérationnels. Force est de constater que le Conseil européen (où les décisions se prennent par consensus, donc, en ce qui concerne la France, avec l'aval du président de la République et du Premier ministre) est lui aussi un protagoniste actif de la mondialisation libérale, alors qu'il aurait pu constituer un rempart contre elle. À cet égard, le sommet de Nice de décembre 2000 constitue un tournant capital : pour la première fois le mouvement social, et Attac, en particulier, traite les politiques de l'UE comme autant de déclinaisons européennes de la mondialisation libérale en manifestant massivement dans la rue contre elles. Il le fait en prolongeant les manifestations de la Confédération européenne des syndicats (CES) qui, elles, réclament une Europe plus sociale, sans pour autant développer un critique radicale de l'ensemble des politiques de l'Union. Outre Nice, deux mobilisations contre ces politiques ont été particulièrement importantes, entre autres parce qu'elles ont montré la volonté de criminaliser ceux qui s'y opposent : Göteborg, en juin 2001, et Barcelone, en mars 2002.

Nice : Contre la Charte européenne
des droits fondamentaux

Dans la perspective des Sommets de Biarritz (octobre 2000) et de Nice (décembre 2000), une bonne partie de l'activité des mouvements citoyens et des syndicats s'est concentrée sur la question de la Charte européenne des droits fondamentaux dont l'élaboration avait été décidée au Conseil européen de Cologne en juin 1999, et dont la mouture finale a été approuvée au Conseil européen de Biarritz des 13 et 14 octobre.

Ce texte pose deux questions : celles de son contenu et de son statut, auxquelles certains ajoutent celle, plus fondamentale, de son bien-fondé. Ces questions renvoient en fait à la nature même de la construction européenne et à son avenir.

Le contenu, qui se décline en sept chapitres, renvoie à trois grandes questions. La première est celle relative aux droits de l'homme et aux libertés fondamentales, qui reprend, pour l'essentiel, les dispositions d'un texte déjà existant, celui de la Convention européenne de sauvegarde des droits de l'homme du Conseil de l'Europe. Ce texte, qui date de 1950, a été ratifié en son temps par tous les pays membres. Il ne l'est pas par l'Union en tant que telle. Ne serait-ce pas tout simplement la chose à faire, la Communauté européenne, premier « pilier » de l'Union disposant à cet effet de la capacité juridique ?

La seconde partie regroupe les droits civils et politiques déjà garantis dans les Constitutions des pays membres. Les incorporer dans une Charte européenne n'apporte strictement rien de plus aux citoyens de chacun de ces pays.

La troisième partie, qui traite des droits économiques et sociaux, est évidemment celle qui soulève le plus de controverses et qui mobilise les syndicats et les mouvements citoyens. Sous la pression du gouvernement de M. Tony Blair, totalement aligné sur les positions du patronat britannique, ce texte, dans certains de ses éléments, constitue une régression par rapport notamment aux législations de plusieurs pays, dont la France ; au Pacte relatif aux droits économiques, sociaux et culturels voté en 1966 par l'assemblée générale de l'Onu et complétant la Déclaration universelle des droits de l'homme de 1948 ; à la Charte sociale révisée du Conseil de l'Europe ; à certaines conventions de l'Organisation internationale du travail (OIT). Les droits syndicaux y sont largement ignorés ; le droit de grève y a seulement été introduit in extremis au détour d'une phrase, le droit au travail est devenu «le droit de travailler» (article 15) ; il n'est pas fait mention du droit à un revenu minimum, etc. La liberté de circulation des capitaux, en revanche, est rappelée dans le préambule. On comprend, dans ces conditions, que le contenu de la Charte suscite l'opposition des membres de la Confédération européenne des syndicats (CES), où siègent notamment toutes les confédérations syndicales françaises.

Dans son contenu actuel, la Charte risque donc de constituer un point d'appui pour remettre en cause des droits sociaux existant dans plusieurs pays européens. Le paradoxe serait qu'un processus visant, selon ses initiateurs, à donner un «contenu social» à l'Europe puisse être utilisé contre les droits des salariés. Une fois de plus, la logique pernicieuse de l'actuelle construction européenne apparaît au grand jour.

Pour une autre Europe

– pour une politique monétaire européenne orientée vers la croissance et l'emploi, ce qui passe par la remise en cause, dans les traités, de l'indépendance de la Banque centrale européenne et par son contrôle démocratique ;

– pour une réforme complémentaire des traités plaçant la cohésion économique et sociale au-dessus du principe de la concurrence ;

– pour la remise en cause du Pacte de stabilité et de croissance, véritable plan d'ajustement structurel appliqué à l'Union ;

– contre l'obligation faite aux pays candidats à l'adhésion de se plier aux normes ultralibérales qui leur sont imposées ;

– pour la défense de la conception de service public, que la Commission tente d'éliminer au prétexte de la « concurrence » ;

– pour la remise de la dette publique du tiers monde par les pays membres de l'Union ;

– contre tout nouveau pouvoir confié à la Commission dans les négociations commerciales internationales ;

– pour la subordination du commerce international au respect des droits fondamentaux et, dans ce cadre, pour l'exclusion totale de l'éducation, de la santé et de la culture du champ des discussions de l'Accord général sur le commerce des services (AGCS) à l'OMC ;

– pour la protection de l'agriculture paysanne dans l'Union et contre les restitutions aux exportations agricoles ;

– pour un véritable partenariat économique, social et culturel avec les pays tiers du Sud et donc contre les projets de zones de libre-échange avec les pays méditerranéens et avec ceux du Mercosur, qui profiteront seulement aux plus forts (pays ou couches sociales) ;

– pour la mise en place d'urgence d'une instance démocratique de réflexion entre l'UE et l'Afrique, afin de définir une stratégie, fondée sur le respect mutuel, en vue de promouvoir le développement solidaire et le commerce équitable ;

– pour une zone Tobin en Europe ;

– pour une lutte déterminée contre les mondes sans lois de la finance (paradis fiscaux et autres), en commençant par ceux situés en Europe, et leur utilisation habituelle par les intérêts financiers et industriels européens ;

– pour l'interdiction de la complaisance maritime mondiale et de son utilisation par les affréteurs et armateurs européens ;

– pour la liberté de circulation des personnes et des idées au sein de l'UE ; pour l'octroi des droits sociaux à tous les travailleurs migrants et pour l'extension des droits civiques à ceux d'entre eux qui sont durablement installés ;

– et, d'une manière générale, pour une véritable politique sociale européenne hissant les droits vers le haut au lieu de les tirer massivement vers le bas.

14-16 juin 2001 à Göteborg : autisme des gouvernements, violences dans la rue

Mouvement d'éducation populaire tourné vers l'action, Attac France n'entend ni éluder la question de la violence dans les manifestations, ni manier la langue de bois à son sujet. Pour mieux faire comprendre notre position, rappelons d'abord quelques données tant de fond que de conjoncture.

Attac est un mouvement qui, dans les quelque 40 pays où il existe, a choisi d'agir de manière non violente, sans pour autant s'incliner *a priori* devant les impositions d'autorités refusant le dialogue (ce qui, précisons-le, n'était pas le cas en Suède). Ce choix n'est pas susceptible d'inflexions.

Les trois faits marquants de Göteborg, et, pour les deux premiers, extrêmement préoccupants, sont : l'utilisation d'armes à balles réelles par la police dans une opération de maintien de l'ordre, sans précédent depuis des décennies dans un pays démocratique; l'autisme de la Commission et des gouvernements des Quinze qui, malgré le rejet croissant par l'opinion des conséquences de la mondialisation libérale, persévèrent dans leur volonté de « libéraliser » à outrance; enfin l'ampleur de la mobilisation – environ vingt mille citoyens venus de nombreux pays, et dans leur immense majorité non violents – qui ont manifesté à l'occasion de ce dernier Conseil européen sous présidence suédoise.

Disons d'emblée que nous nous désolidarisons totalement des groupes de provocateurs qui ont saccagé le centre ville de Göteborg pendant le contre-sommet. Ce comportement est triplement à rejeter. D'abord, il constitue une violation des pratiques de concertation démocratique des coordinations qui se mettent en place à l'occasion des grands rassemblements contre les politiques néolibérales des institutions internationales et européennes. Ensuite, par l'attention prioritaire que lui accordent les médias, il permet de passer sous silence les enjeux et l'ampleur de ces mobilisations. Enfin, et plus grave encore, il fournit opportunément des arguments à tous ceux – gouvernements et organisations patronales notamment – qui, inquiets à juste titre du rejet populaire que suscitent leurs politiques, croient y trouver une parade en tentant de criminaliser la contestation d'un ordre social profondément injuste.

Les autorités suédoises portent une sérieuse responsabilité en cette circonstance. Elles n'ont pas respecté l'ensemble des engagements pris avec les organisateurs du contre-sommet en ce qui concerne les modalités d'intervention de la police – dont l'attitude a souvent été provocatrice. Surtout, elles ont laissé tirer à balles réelles sur des manifestants. Nous condamnons solennellement cette « première » dans la gestion des manifestations en Europe.

Plus généralement, c'est l'attitude de la Commission de Bruxelles et des gouvernements de l'Union, réunis en Conseil européen, qui pose problème. Au moment où s'exprime, et pas seulement dans la rue, une forte opposition à la mondialisation libérale, ils ont cru bon, à Göteborg, de demander, avec George Bush, une nouvelle dose de libéralisation des échanges commerciaux en matière agricole, de services, etc., à l'occasion de la conférence ministérielle de l'OMC prévue à Qatar en novembre. Ils donnent ainsi pleinement raison à tous ceux qui les placent dans la même catégorie que le G8, le FMI, la Banque mondiale, l'OCDE et l'OMC : celle des concepteurs et acteurs des politiques néolibérales dont les ravages sont pourtant bien connus, y compris de ces mêmes institutions.

Les décideurs européens et autres n'ignorent rien de l'impopularité de leurs politiques. En les poursuivant comme si de rien n'était, en ne tenant aucun compte des opinions publiques, ils contribuent activement à exacerber les tensions et à dégrader la démocratie, et ils créent de ce fait les conditions d'une criminalisation de la protestation citoyenne. Cet aveuglement irresponsable doit cesser et faire place à une écoute attentive des demandes des sociétés.

Attac France salue chaleureusement le remarquable travail effectué par Attac Suède et par la coordination qu'elle a animée afin de créer les conditions d'un dialogue public et sans concessions avec les responsables européens, pour la qualité des débats qui ont marqué le contre-sommet, et pour le succès des manifestations non violentes (20 000 personnes le samedi 16 juin) qui constituent la réalité en partie occultée de Göteborg.

Communiqué
Paris, le 19 juin 2001

16 mars 2002 à Barcelone : 300 000 manifestants contre l'Europe libérale

Plus de 300 000 personnes ont manifesté le samedi 16 mars 2002 à Barcelone contre l'Europe libérale. L'événement a une portée historique : c'est la plus grande mobilisation jamais réalisée contre la déclinaison européenne de la mondialisation libérale dont le programme de la présidence espagnole était le porte drapeau provocateur. Déjà, le jeudi 14 mars, près de 100 000 personnes avaient défilé à l'appel de la Confédération européenne des syndicats pour réclamer une Europe sociale toujours inexistante.

Après le succès du Forum social mondial de Porto Alegre, la preuve est de nouveau faite que le mouvement de lutte contre la mondialisation libérale continue de se renforcer. Ces fortes mobilisations expriment le refus par les opinions publiques des politiques menées par les différents gouvernements de l'Union. Elles mettent en évidence l'autisme de responsables qui continuent à prôner toujours plus de libéralisation au mépris des aspirations des citoyens et des peuples. Alors que la privatisation et la déréglementation de nombre de services publics (notamment aux États-Unis et au Royaume-Uni) ont abouti à un fiasco économique, voire au chaos, et à un échec social, l'Union européenne n'a pas renoncé à vouloir généraliser ces orientations. Les manifestants de Barcelone lui ont confirmé qu'elle devra désormais compter avec un mouvement social en pleine ascension.

Dans cette situation, le choix du gouvernement espagnol de bloquer, avec la collaboration des autorités françaises, les manifestants à la frontière, et ce au mépris de la liberté de circulation des personnes, puis de faire tirer avec des balles en caoutchouc en fin de manifestation sur des rassemblements pacifiques, montre que la tentation de criminaliser le mouvement de lutte contre la mondialisation libérale est toujours présente.

Attac France, qui a manifesté à Barcelone dans un cortège des Attac d'Europe, s'élève contre l'hypocrisie des institutions de l'Union qui, d'un côté, mettent en place une «Convention» dont l'objectif explicite est d'améliorer le fonctionnement démocratique de l'Union et, de l'autre, répriment des manifestants pacifiques dont la seule faute est d'exiger la prise en compte des aspirations majoritaires des citoyens.

Le gouvernement français, qui a prêté main forte aux autorités espagnoles pour tenter de limiter la participation à la manifestation géante, ne sort pas grandi de cette affaire. Au-delà, Attac s'étonne de l'amnésie sur les ravages de la mondialisation libérale et de ses applications en Europe qui a frappé certains responsables politiques ou leurs représentants dès leur retour de Porto Alegre. La campagne électorale qu'ils ont menée jusqu'à ce jour fait complètement l'impasse sur cette question centrale. Dans les jours qui viennent, Attac va prendre des initiatives pour rafraîchir des mémoires défaillantes sur la base de son Manifeste 2002 lancé lors du grand rassemblement du Zénith du 19 janvier 2002.

Paris, 17 mars 2002

Le G8 disqualifié
par les événements de Gênes

Le sommet du G8 de Gênes de juillet 2001 aura sa place spécifique dans l'histoire, à deux titres : une mascarade tragique quant au contenu des décisions qui y ont été prises, et une escalade de la plus inquiétante gravité dans la tentative de criminalisation des opposants à la mondialisation libérale, prenant la forme d'une machination policière de grande envergure.

La déclaration finale, monument d'hypocrisie

Autisme d'abord. Tout en prétendant souhaiter un « partenariat avec la société civile», elle prend l'exact contrepied des aspirations des quelque 200 000 manifestants pacifiques qui ont défilé dans les rues de Gênes malgré les provocations et harcèlements constants de la police :

– elle préconise le « lancement d'un nouveau et ambitieux cycle de négociations commerciales mondiales », c'est-à-dire de reprendre à Qatar ce qui avait piteusement échoué à Seattle.

– au mépris de toute évidence, elle réaffirme les vertus de la mondialisation libérale comme panacée pour répondre aux aspirations fondamentales de l'humanité. Les citoyens français, eux, ne s'y trompent pas qui, dans

un récent sondage (*Le Monde*, 19 juillet 2001) considèrent, pour 55 % d'entre eux, que la mondialisation sert
prioritairement les intérêts des multinationales, pour
47 % ceux des marchés financiers et, pour seulement 1 %
d'entre eux, les intérêts de «tout le monde».

– elle se prononce pour le recours accru aux OGM,
alors que tous les scientifiques non liés aux firmes de
l'agro-chimie sont unanimes pour considérer qu'aucun
des bienfaits annoncés n'a été vérifié, et qu'aucun des
dangers potentiels n'a été évalué.

Hypocrisie ensuite. Les deux initiatives annoncées à
grand fracas sont totalement vides de contenu :

– l'allègement de la dette des pays pauvres très endettés
(PPTE), présenté comme «une contribution appréciable
dans la lutte contre la pauvreté», n'a, à ce jour, concerné
que 5 pays, et pour un montant de 5 milliards de dollars,
sur un total de la dette publique du tiers-monde s'élevant à
2 500 milliards de dollars, soit 0,2 % des sommes en jeu.

– Le «Fonds mondial de lutte contre le sida, le paludisme et la tuberculose» est doté d'un budget ridicule de
1,3 milliard de dollars, d'ailleurs pour partie déjà engagés
sous d'autres appellations. Cette somme représente le
tiers environ des dividendes versés en 2001 aux seuls
actionnaires de Marks and Spencer qui ont imposé de
massifs licenciements de convenance boursière.

La machination policière

Les chiffres et les témoignages parlent d'eux-mêmes :
un mort, 600 blessés, des centaines d'arrestations, des
sévices, voire des tortures, systématiquement infligés aux
personnes arrêtées. L'objectif poursuivi était évident :
déplacer, pour les opinions publiques, les enjeux de
Gênes : ne pas parler du fond, mais de la «violence», en

s'efforçant de présenter les manifestants comme autant de trublions et de «casseurs».

Le Genoa Social Forum (GSF) qui regroupait plusieurs centaines d'organisations appelant au contre-sommet (dont Attac Italie), avait pris toutes les dispositions pour que ses composantes manifestent sans violence sur les biens et les personnes. Cet engagement a été tenu.

Mais la police ne l'entendait pas ainsi : d'une part, elle a sciemment laissé commettre de multiples destructions par des groupes provocateurs extérieurs au GSF ; d'autre part, elle a infiltré ces derniers pour se livrer à des agressions permanentes contre les manifestants, voire contre la police, de manière à « justifier » la violence inouïe de la répression. Les témoignages de personnes arrêtées et d'autres qui ont été incarcérées sous les motifs les plus fantaisistes, attestent de la sauvagerie des méthodes employées.

La machination policière du gouvernement Berlusconi, visant à diaboliser les opposants à l'ordre libéral et à discréditer leurs revendications, en même temps qu'à les terroriser pour l'avenir, ne fait plus de doute. Elle est étayée par des témoignages personnels (comme celui d'un ecclésiastique, publié dans *La Reppublica* du 22 juillet), ainsi que par des vidéos où l'on voit des éléments du «Black Block» sortir de fourgons de carabiniers et deviser tranquillement avec eux. Tout porte à croire qu'il ne s'agit pas d'une initiative isolée du gouvernement Berlusconi. À Barcelone, lors de la manifestation contre la Banque mondiale du 24 juin dernier, les mêmes méthodes avaient été employées par la police nationale espagnole. Une «Internationale noire» des «services» semble bien s'être mise en place contre les opposants à la mondialisation libérale. Il nous appartient de la démasquer et de la dénoncer comme un très grave danger pour la démocratie.

Nous n'en resterons pas là

La première préoccupation d'Attac France a été d'œuvrer à la libération de ses membres et sympathisants incarcérés, ainsi qu'à celle des autres Français se trouvant dans ce cas. C'est chose faite depuis le mardi 24 juillet. Nous devons, à cet égard, souligner l'excellente coopération dont le ministère des affaires étrangères et ses représentants en Italie ont fait preuve, ce qui n'exonère en rien le gouvernement français de sa responsabilité conjointe avec celle des autres membres du G8 dans la tenue d'un sommet aussi indigne. La simple décence aurait voulu qu'ils en exigent la suspension immédiate.

Il appartient maintenant au gouvernement et au président de la République de montrer qu'ils ont bien reçu le message de Gênes : il ne s'agit pas seulement de « dialoguer », mais de revenir sur les politiques libérales mises en œuvre aux niveaux français, européen et international.

Attac France, tant par la formation et l'information que par l'action, va continuer son combat contre la mondialisation libérale et pour des politiques alternatives.

Paris, le 26 juillet 2001

Les paradis fiscaux, relais financiers du terrorisme

Après les attentats meurtriers perpétrés aux États-Unis, le 11 septembre 2001, de nombreux gouvernements semblent soudainement découvrir certaines des conséquences des « paradis fiscaux ». Ces territoires sans loi, où le secret bancaire s'ajoute à l'existence de lois fiscales, commerciales et pénales particulièrement laxistes, facilitent effectivement le transit et le blanchiment de fonds de toutes origines (fraudes, corruption, rackets, trafics, etc) et destinés à diverses finalités, dont, parmi d'autres, le financement d'armées privées ou d'actes terroristes.

Depuis sa création en 1998, Attac dénonce l'existence des paradis fiscaux. Depuis toujours les gouvernements des pays les plus riches (Royaume-Uni, États-Unis, Pays-Bas, Portugal, France, Espagne, etc.) ont laissé se développer ces territoires qui, dans la plupart des cas, dépendent en fait plus ou moins directement de leur juridiction. Récemment les États-Unis ont décidé de ne pas suivre une initiative de l'OCDE visant à obtenir un minimum de coopération de 35 paradis fiscaux : au nom du principe de la liberté du commerce et des affaires, et aussi pour continuer d'aider nombre de multinationales à échapper à la fiscalité de leur pays d'origine, les États-Unis ont choisi de ne pas s'opposer à l'essentiel de la criminalité financière.

Attac continue d'affirmer que des mesures concrètes et efficaces peuvent être effectivement prises, sans attendre l'accord spontané de tous les Etats, y compris de ceux qui tirent bénéfice de ces criminalités économiques et financières.

Les États-Unis viennent de menacer toutes les banques et les institutions financières du monde de geler leurs avoirs et leurs transactions aux États-Unis dès lors qu'elles refuseraient de bloquer la capacité des terroristes à accéder à leurs fonds. Ils confirment ainsi que seule jusqu'à présent l'absence de volonté politique des pays les plus riches de la planète a permis que prolifèrent ces territoires qui rendent possibles toutes les criminalités aux aspects financiers déterminants.

Attac demande que ces mesures, par ailleurs trop limitées, ne s'exercent pas seulement à l'égard des financiers du terrorisme, mais contre tous ceux qui vivent des trafics (drogues, armes, êtres humains, animaux, etc.), des rackets, des fraudes, de la corruption, etc. Les dégâts sont peut-être moins spectaculaires, mais tout aussi insupportables : mise en cause des budgets publics, difficultés financières et économiques pour nombre d'États, misère pour des populations entières, recul des valeurs démocratiques, etc. Toute limitation de ces mesures témoignerait de l'hypocrisie des gouvernements. C'est en particulier le cas du gouvernement français qui, par la voix de M. Laurent Fabius, vient d'annoncer la mise en place d'une cellule anti-blanchiment limitée à l'argent du terrorisme, alors que les outils déjà existants, comme Tracfin et les Pôles économiques et financiers, n'ont pas été dotés des moyens humains et matériels nécessaires à la lutte contre la criminalité financière.

De même, on ne saurait remédier aux carences de la coopération sur le plan européen par la seule création d'un mandat d'arrêt européen limité au terrorisme : d'abord, parce que l'effficacité des enquêtes ne dépend pas seulement des mandats d'arrêt, mais d'un ensemble d'actes de procédure ; surtout, parce que la garantie des droits et libertés doit être à la mesure des avancée nécessaires dans l'efficacité des poursuites.

Attac demande donc que des mesures concrètes soient prises pour :

– imposer la traçabilité des opérations financières internationales : un contrôle public des chambres de compensations (sociétés de clearing) doit être mis en place ;

– neutraliser les relations avec toutes les entités juridiques non transparentes (sociétés-écran, trusts...) : la nullité d'ordre public des rapports juridiques avec ces entités et le gel de leurs avoirs doivent être envisagés ;

– rendre plus efficace, sur le plan européen, la lutte contre la criminalité transnationale : l'unification des règles fondamentales de droit pénal et la création d'un parquet européen sont aujourd'hui nécessaires.

Attac continuera de porter ces exigences, et particulièrement le 6 octobre à Luxembourg dans le cadre de l'action «grande lessive» initiée par Attac Luxembourg avec l'appui de nombreux comités Attac d'Allemagne, de Belgique et de France. Après l'«encerclement» de Jersey et les actions menées à Andorre le 9 juin, il s'agit, cette fois, de dénoncer le rôle joué par le Luxembourg dans le blanchiment de l'argent sale.

Paris, le 4 octobre 2001

La dynamique de Porto Alegre

Le succès du Forum social mondial 2002 à Porto Alegre se lit d'abord dans les chiffres. D'un an sur l'autre, le nombre de participants a été multiplié par quatre. Cinquante mille, soixante mille personnes ? Peu importe, au fond. L'essentiel est que cette participation – qui aurait pu « étouffer » la dimension du débat – l'a tout au contraire stimulée. Le nombre de conférences, d'ateliers, de manifestations diverses a littéralement explosé, transformant la ville entière en université militante et festive. Ce seuil quantitatif s'est également traduit par une plus grande diversité et par une plus grande représentativité continentale. Ainsi les délégations en provenance d'Afrique, d'Asie, d'Amérique du Nord étaient-elles plus présentes et plus actives que l'an passé. De même la sociologie du Forum en a-t-elle été étoffée, avec une présence plus soutenue des mouvements paysans – sans terre ou avec – de représentants de « sans », de délégués des peuples indigènes. Enfin, la représentation active et de haut niveau du syndicalisme mondial contribuait à enraciner plus profondément le Forum dans la diversité des mondes du travail, même si le problème de son lien avec le mouvement antiglobalisation est loin d'être résolu. Si l'on y ajoute la présence des grands réseaux critiques de la mondialisation libérale travaillant sur les flux financiers, la dette, les enjeux environnementaux, le commerce, la Marche mondiale des femmes, on réalise que le Forum 2002 a pleinement mérité son qualificatif de « social ».

Un succès qui doit être évalué à l'aune de son contexte international. Ce rendez-vous était en effet le premier rassemblement international après les attentats du 11 septembre et la guerre en Afghanistan. Pour le mouvement mondial apparu à Seattle, il avait valeur de test, l'enjeu étant de savoir s'il céderait aux injonctions guerrières et frustres popularisant la vision d'un monde divisé en forces du Bien et du Mal – lecture binaire laissant peu de place à l'expression critique – ou s'il conserverait sa dimension internationaliste et sa capacité de résistance et d'innovation globale. S'il serait, enfin, capable de ramener ses thématiques au cœur du débat public international face à l'unilatéralisme arrogant de Washington. Pour l'essentiel le test est réussi.

Non que la thématique guerrière du gouvernement des États-Unis soit marginalisée ! Mais le Forum a d'abord manifesté une force d'attraction et une capacité à cristalliser qui augurent favorablement de son avenir. Ainsi le défi ouvert par la «guerre sans limites» de George Bush a-t-il pu être relevé explicitement, ce qui est la preuve d'une forte maturité. Le texte de l'Appel des mouvements sociaux articule ainsi les enjeux de la paix et de la sécurité collective à ceux du développement, élargissant le champ des préoccupations, des jonctions et des convergences possibles au plan international entre « mouvements sociaux » et « mouvements de paix ». On retrouve cette même dynamique dans les textes du Forum des parlementaires et des collectivités locales.

Le deuxième rassemblement de Porto Alegre apparaît donc comme une force sociale en expansion, rassembleuse et pertinente aux soubresauts de l'actualité mondiale. Ce succès, qui n'avait rien d'acquis ou d'automatique, ne fait que renforcer une double question centrale pour son avenir : la poursuite de son enracinement social et la formulation d'alternatives globales.

Son enracinement social se heurte aujourd'hui à deux limites, à la fois sociales et politiques. La première, qui concerne sa capacité propre à « accueillir » les « exclus », les plus pauvres. À cet égard, la décision de décliner le Forum mondial en forums continentaux devrait permettre une « proximité » tant géographique que linguistique. La seconde limite tient à l'état des lieux du dialogue avec le mouvement syndical international. Très présent cette année à Porto Alegre, il reste pourtant sur la réserve vis-à-vis du mouvement critique de la mondialisation libérale. Cette réserve s'alimente à la fois dans une culture et dans des débats très contemporains, portant notamment sur les termes de l'échange à construire entre pays du Nord et du Sud et, plus globalement, sur les orientations à mettre en œuvre face à la mondialisation libérale. C'est d'ailleurs le mérite du Forum que de permettre que ces débats puissent être dépassés, en étant d'abord clairement posés.

Cette question rejoint celle des alternatives, posée – et opposée – sans relâche au Forum ; elle illustre l'ampleur des attentes de l'opinion publique. L'interpellation procède évidemment d'une certaine facilité – les « alternatives » au système ne surgiront pas toutes armées du débat ; elles s'inventent dans les constructions sociales et politiques –, mais elle constitue également l'indice d'une délégitimation profonde du système actuel, de son fonctionnement, de ses règles.

En prenant la décision de se réunir à nouveau l'an prochain, fin janvier, à Porto Alegre, en mettant sur orbite des forums sociaux continentaux au plus près des acteurs sociaux et citoyens, le FSM se donne les moyens de jouer son rôle d'accoucheur. Accoucheur de propositions à court terme, accoucheur de sa promesse majeure : celle d'un autre monde possible.

Les Attac « tous ensemble » au Forum social mondial

Dans le foisonnement des activités du FSM, l'une d'elles a constitué un moment particulièrement important pour l'avenir de notre association : la réunion de l'ensemble des structures Attac de la planète présentes à Porto Alegre, soit plus d'une trentaine sur un total d'environ 40. Attac est devenue un véritable réseau international, sans doute (en dehors des syndicats) le plus représentatif au niveau géographique de tous ceux qui luttent contre la mondialisation libérale : on trouve des associations Attac dans tous les pays de l'Europe de l'Ouest ; elles commencent à se mettre en place en Europe centrale et orientale et en Russie, ainsi qu'en Afrique du Nord et de l'Ouest ; elles sont déjà très présentes dans la plupart des pays d'Amérique latine et au Québec ; enfin nous avons eu le plaisir de faire la connaissance d'Attac Japon qui avait dépêché une demi-douzaine de membres.

Ces structures se sont créées sans directive de qui que ce soit, souvent à partir de contacts personnels, sur la base de l'adhésion à la plateforme du mouvement international Attac de décembre 1998 – ce qui a neccessité ici ou là quelques actualisations et adaptations à la situation nationale. Dans tous les cas, Attac France a été tenue informée et le plus souvent sollicitée pour apporter un soutien, participer à une rencontre de lancement, ouvrir une page sur notre site, etc. Nous avons évidemment toujours répondu présent. Non pas parce qu'Attac France serait propriétaire d'une «marque» qu'elle « franchiserait », mais, tout simplement, parce que, existant depuis plus de trois ans, nous avons acquis une expérience susceptible d'être utile à d'autres et pu mobiliser quelques moyens, dans le cadre de notre fonds Urgence et Solidarité. Attac France est la «doyenne» des Attac, mais rien de plus : le réseau Attac international fonctionne de manière très souple, sans tête de réseau.

En Amérique latine, des délégués Attac du Cône Sud se sont retrouvés en Bolivie en mai dernier. Au niveau européen, où le réseau est le plus dense, chaque préparation de contre-sommet et de toute autre occasion du même type ont permis aux Attac du Vieux Continent de se retrouver. Des liens amicaux se sont noués entre responsables, une « culture » commune est en train de s'élaborer. Dans les manifestations, sous les mêmes drapeaux rouge et blanc, les cortèges Attac sont multinationaux et multilingues. Attac a désormais une forte visibilité internationale qui permet aux plus récemment fondés ou au plus « petits » de bénéficier de la force de l'ensemble.

Certains se sont demandé s'il fallait vraiment que se

créent des Attac là où il existe déjà des campagnes ou des groupes actifs contre telle ou telle facette de la mondialisation libérale. La réponse n'appartient pas à Attac France, mais aux seuls intéressés. En fait, s'il existe un tel « besoin » d'Attac, c'est que les structures existantes ne remplissent pas toutes les fonctions attendues, en particulier celle, capitale, de formation. Il est significatif à cet égard que, sans se donner le mot, toutes les organisations Attac aient adopté le même profil de « mouvement d'éducation populaire tourné vers l'action », allant même parfois jusqu'à inscrire cette définition dans leurs statuts. Les Attac ont vocation à s'adresser partout aux majorités, aux citoyens dans leur ensemble, en proposant des analyses globales, généralistes. Cela dit, elles participent partout, chaque fois que nécessaire, à des collectifs unitaires avec les syndicats et les autres mouvements sociaux, mais avec leur identité propre, en résistant aux tentatives de récupération politique qui prennent parfois la forme d'un activisme de caractère groupusculaire.

À Porto Alegre, disons-le franchement, beaucoup d'entre nous ont ressenti une réelle émotion en se retrouvant si nombreux (plusieurs centaines), si différents, et éprouvant ce sentiment d'un « tous ensemble » internationaliste. Des décisions ont été prises en commun, parmi lesquelles celles de constituer un annuaire international d'Attac régulièrement mis à jour ; de prévoir, le même jour, un concert de casseroles en solidarité avec l'Argentine ; de manifester en Europe notre solidarité avec l'Amérique latine en lutte contre la Zone de libre-échange des Amériques (Alca) ; d'organiser des actions communes contre l'AGCS ; de mettre en place une coordination plus efficace entre nous ; de tenir un autre séminaire contre la militarisation de la globalisation, à la charge d'Attac Italie ; de susciter partout, comme nous le demandons dans notre *Manifeste 2002*, des initiatives de contrôle parlementaire et citoyen des positions des gouvernements au FMI, à la Banque mondiale, à l'OMC, etc. Bref, Attac international est une force qui compte et comptera de plus en plus.

Après le 11 septembre et Porto Alegre, où en est le mouvement de lutte contre la mondialisation libérale ?

De Seattle à la fin de l'année 1999 à Gênes en juillet 2001, le mouvement de lutte contre la mondialisation libérale a régulièrement fait la « une » de l'actualité. Ses mobilisations, calquées sur les grandes échéances institutionnelles internationales, ont marqué l'opinion et inquiété les responsables politiques. Les attentats terroristes du 11 septembre marquent-ils un tournant dans la situation ? Qu'indique le succès politique et médiatique de Porto Alegre ? Pour répondre à ces questions, il faut partir d'abord de l'état du mouvement avant le 11 septembre, puis voir en quoi les attentats ont, ou pas, changé la donne et, enfin, essayer d'analyser la situation actuelle.

De Seattle à Gênes, un mouvement en pleine expansion

Il est maintenant à peu près admis que le milieu des années 1990 a constitué un tournant dans le renouveau des mobilisations contre le libéralisme : 1994 au Chiapas, décembre 1995 en France, manifestation contre la dette à Birmingham en 1998, manifestations européennes contre le chômage, victoire sur l'AMI, etc. Ce tournant s'est spectaculairement concrétisé à Seattle où se sont combinés trois facteurs pour bloquer l'ouverture du « Cycle du millénium » : le processus de mobilisation citoyenne, les inquiétudes des opinions publiques, la division des gouvernements.

Ces trois facteurs sont caractéristiques de la phase nouvelle ouverte à Seattle, et ils allaient continuer à être à l'œuvre jusqu'au 11 septembre. Le tournant dans les mobilisations, marqué par leur caractère de plus en plus massif, s'est accompagné d'un tournant dans les opinions publiques. Les thèmes portés par le mouvement ont réussi à s'imposer dans le débat public, alors que celui-ci était dominé, il y a peu, par les idées libérales, et ils sont entrés en résonance avec le désarroi de plus en plus important des populations. Ce lien à l'opinion a été le succès le plus important remporté par le mouvement. Celui-ci n'a pas réussi à peser réellement sur les orientations des gouvernements et des institutions internationales, mais il a changé la donne idéologique en battant fortement en brèche les dogmes libéraux, mettant ainsi la pensée dominante sur la défensive. Ce début de reconquête des esprits, pour fragile qu'il soit, est d'une importance considérable pour l'avenir. Il est la base du développement du mouvement, de son enracinement, de son caractère durable et de la possibilité de créer des rapports de force qui permettent de peser sur le réel. Il donne toute son importance au travail « d'éducation populaire ».

Cet impact est le signe que des transformations en profondeur sont à l'œuvre. Loin d'être isolé, le mouvement actuel de lutte contre la mondialisation libérale n'est que la pointe la plus avancée des évolutions en cours dans les sociétés produites par le bilan de la « décennie glorieuse » du libéralisme, dont l'échec est maintenant patent. Non seulement les politiques menées ont aggravé considérablement le sort des neuf dixièmes de l'humanité, mais elles ont été incapables de mettre en place un cadre institutionnel susceptible de prévenir les crises et d'encadrer et maîtriser le capitalisme global financiarisé. Cette prise de conscience, amplifiée et cristallisée par les grandes échéances de mobilisations internationales, a permis l'émergence d'un espace public de débat mondial. Est ainsi en train de se constituer un embryon d'opinion publique mondiale qui, sur certaines questions (écologie, dette, OMC, etc.) surdétermine les évolutions des opinions publiques nationales.

Le lien du mouvement avec les opinions publiques est certes le produit d'une prise de conscience des apories du libéralisme, mais il a été facilité par ses caractéristiques propres. Mouvement d'emblée mondial, il répondait ainsi directement au processus de globalisation. Mouvement non doctrinal, il a su illustrer concrètement ses propos. Mouvement hétérogène, il a su intégrer en son sein les préoccupations les plus diverses autour de deux axes : le refus de la transformation de toutes les activités humaines et de la vie elle-même en marchandise, et l'exigence de démocratie face « au pouvoir des marchés ». S'est ainsi constitué un mouvement social global en mesure d'intégrer en son sein les points d'entrée distincts, les priorités différentes de ses diverses composantes.

Ce rapport nouveau à l'opinion a permis de mettre en échec les tentatives de criminalisation qui ont eu lieu après Göteborg et surtout à Gênes, et ce malgré un débat difficile sur la question de la violence. L'impact du mouvement a entraîné une division des gouvernements sur les réponses à y apporter. D'un côté on trouve une orientation portée par George Bush et Tony Blair qui vise à

ne rien changer. De l'autre, celle portée par Lionel Jospin
et Gerhardt Schröder qui, dans un double mouvement
de récupération et de prise en compte, essaie d'avancer
des réponses qui, tout en préservant l'essentiel à leurs
yeux – la mondialisation libérale –, vise à en corriger les
aspects les plus choquants. Enfin, les institutions internationales ne sont pas sorties indemnes de cette situation : elles souffrent d'une crise profonde de légitimité
tant des orientations menées que de leur mode de fonctionnement, prises en tenaille à la fois par le mouvement
social et les ultra-libéraux hostiles à toute régulation,
même libérale.

Pour résumer, on peut dire que l'avant 11 septembre
avait vu un début d'inversion des rapports de force, qui
avait placé les gouvernements et les institutions internationales sur la défensive, avec un mouvement dont les
capacités de mobilisation et l'écho dans les opinions
publiques s'amplifiaient.

Où en est-on aujourd'hui ?

Le mouvement de lutte contre la mondialisation libérale a d'abord échappé à l'assimilation de son action avec
le terrorisme. Malgré le choc des attentats du 11 septembre, cette tentative, qui n'a trouvé aucun répondant
dans les opinions, a fait long feu. Cet amalgame a échoué
non seulement en raison de son caractère grossier, mais
aussi parce que ces actes ont été dénoncés rapidement et
sans la moindre ambiguïté par toutes les composantes du
mouvement.

Les différentes échéances de mobilisation ont démontré
par ailleurs que le mouvement n'avait pas été durablement entamé après le 11 septembre, et que son ascension,
un moment questionnée, perdurait bel et bien. Le succès

de Porto Alegre, qui n'est pas fondamentalement dû au contenu des discussions qui s'y sont déroulées, ni aux propositions, somme toutes peu nouvelles qui y sont apparues, mais à la tenue de l'événement lui-même, à la diversité et au nombre des acteurs qui y ont été présents, en a été la preuve la plus éclatante.

Néanmoins, les attentats du 11 septembre ont créé une nouvelle situation. Ils ont permis aux États-Unis d'accentuer leur hégémonie. Il est, de ce point de vue, intéressant de remarquer les différences avec la guerre du Golfe. Alors que, dans ce dernier cas, les États-Unis avaient dû mettre sur pied une large coalition, tant sur le plan politique que militaire, en s'appuyant sur l'Onu, ils ont mené tous seuls (avec le soutien du satellite britannique) l'intervention en Afghanistan. Au nom de la lutte contre le terrorisme, dont la définition extensible dépend du bon vouloir de l'administration américaine, c'est leur politique unilatérale que les États-Unis veulent voir légitimée et entérinée, entraînant, par sa brutalité même, un début de réaction de l'Union européenne qui avait pourtant fait preuve jusque-là d'un suivisme total par rapport à eux.

Ce renforcement de l'*imperium* américain se fait au détriment du droit et des institutions internationales. L'effacement du rôle de l'Onu, quoi que l'on puisse penser de cette institution, la mise à l'écart du droit international au profit de la seule volonté politique américaine constituent un revers politique pour tous les mouvements démocratiques. La lutte pour que les textes fondateurs de l'Onu servent de socle au droit international, s'imposent aux États, et que soient réellement appliqués les droits économiques, sociaux et politiques qui y sont contenus, vient de buter une fois de plus sur la politique américaine.

Les thèmes portés par le mouvement, illustrés quotidiennement par l'actualité, de l'Argentine, à la crise boursière en passant par Enron, sont toujours présents dans
les opinions publiques. La perception de nouvelles
menaces, suite au 11 septembre, tend cependant à en
relativiser la portée, du moins dans les pays du Nord. À la
peur des conséquences de la mondialisation libérale
s'ajoutent maintenant les dangers, réels ou fantasmés, liés
à la sécurité. La montée inquiétante des thèmes sécuri-
taires, où se mélangent allègrement terrorisme, petite
délinquance et grand banditisme en est l'illustration, favorisant l'adoption par les États de mesures liberticides. Si
l'impact du 11 septembre s'atténue progressivement, à
l'exception des États-Unis, de nouveaux attentats, qu'il
n'est pas possible *a priori* d'exclure, renforceraient encore
plus cette tendance, avec un vrai risque d'affaiblissement
du mouvement dans les pays du Nord.

Le succès de nombre d'initiatives depuis le 11 septembre ne doit pas nous cacher les problèmes. Les mobilisations à l'occasion du sommet de Doha, bien qu'elles
aient touché un plus grand nombre de pays qu'au
moment de Seattle (40 au lieu de 2), n'ont pas eu, à de
rares exceptions, de caractère massif. En France, elles ont
été plus faibles qu'en 1999. Le 11 septembre a, dans ce
cas, probablement pesé lourd. Il a été consciemment utilisé par les États-Unis, et plus globalement par les pays
du Nord, pour arracher un accord à Doha permettant
ainsi l'ouverture d'un nouveau cycle de libéralisation du
commerce mondial. Cet échec change, en partie du
moins, les conditions du combat contre l'OMC.

Au-delà, il faut s'interroger sur la situation aux États-
Unis où prédomine un climat proche du maccarthysme.
La faiblesse des manifestations à New York contre le

World Economic Forum a été certes compensée par la présence d'une forte délégation américaine à Porto Alegre, et il s'explique en partie par le choix d'un profil bas à cette occasion par la majorité du mouvement. De plus, les liens avec le mouvement syndical américain n'ont pas été rompus. Les prochaines échéances seront à scruter avec attention. Une partie de l'impact du mouvement venait de l'existence, au cœur de la puissance impériale, d'un fort mouvement de remise en cause de la mondialisation libérale. Son affaiblissement durable ne serait pas sans conséquence sur le rapport de forces global.

Si l'on ne peut que se féliciter de la présence à Porto Alegre des confédérations syndicales mondiales, la question du lien avec le mouvement syndical est loin d'être résolue. Ainsi, la Déclaration des confédérations syndicales mondiales a non seulement un contenu faible, mais elle met sur le même pied le Forum social mondial de Porto Alegre et le World Economic Forum de New York. De plus, la difficulté d'organiser ensemble des mobilisations se vérifie à chaque grande occasion.

Quelles orientations?

Le mouvement a commencé à élargir son champ d'intervention aux questions liées à la sécurité collective et à la paix. Cette orientation doit être pérennisée. Il ne s'agit pas de transformer un mouvement de lutte contre la mondialisation libérale en un «mouvement de la paix», mais de prendre durablement en compte les conséquences du 11 septembre. Dans ce cadre, il s'agit moins d'une «lutte contre la guerre» que d'un refus de l'hégémonie américaine qui peut à certains moments prendre un visage militaire.

Le mouvement est en permanence menacé par des tentatives de criminalisation, d'autant que le 11 septembre a permis aux gouvernements, notamment ceux des États-Unis et de l'Union européenne, d'adopter des mesures propres à cet effet. La lutte pour les droits et libertés démocratiques prend donc de ce fait une importance nouvelle.

Mais c'est avant tout de sa capacité à apporter des réponses aux problèmes qu'il a soulevés que le mouvement sera jugé. Nous nous heurtons là à deux difficultés. La première tient à l'hétérogénéité du mouvement. Sa force vient en partie de sa diversité. Toute tentative d'homogénéisation politique en vue de construire un projet politique sous forme d'alternative globale est non seulement vouée à l'échec, mais serait un facteur d'éclatement, et donc d'affaiblissement. La seconde tient à la nature d'une alternative possible. Celle-ci ne peut être simplement le produit de débats ou de confrontations à l'intérieur du mouvement. Pour qu'elle prenne vie, il faut qu'elle soit le produit de l'activité de forces sociales importantes, qu'elle soit créée, au moins en partie, par elles. C'est à cette condition que pourront être dépassés les clivages actuels. Il est donc illusoire de croire que pourra naître dans le court terme une alternative globale et cohérente au système.

Cette absence d'alternative globale ne doit pas être dramatisée car le mouvement est, en revanche, uni sur les lignes de force et sur les principes suivant lesquels le monde devrait fonctionner. Ils découlent de ce qui est à la racine du mouvement actuel de refus de la marchandisation du monde et d'aspiration à une démocratie réelle : nouvelle hiérarchie des normes dans laquelle les droits collectifs des êtres humains l'emportent sur le droit au commerce, la libre concurrence et, plus globalement, sur la loi du profit ; exigence de biens publics mondiaux, biens communs de l'humanité, ce qui implique la lutte pour le développement des services publics ; exigence d'un développement soutenable pour les générations futures ; participation effective, à tous les niveaux, des citoyens aux décisions qui les concernent. Ces principes peuvent se décliner en autant de propositions ponctuelles visant à transformer concrètement la situation : taxe Tobin, annulation de la dette, suppression des paradis fiscaux, etc.

Face à la montée en force du mouvement et à la difficulté de laisser simplement les choses en l'état, nous allons probablement être confrontés à des réponses de divers gouvernements. Pour ceux-ci, il s'agit de faire coup double : d'une part, montrer que l'on a pris conscience de la situation et que l'on agit en conséquence ; d'autre part, essayer de diviser le mouvement entre gens raisonnables avec lesquels on peut discuter et extrémistes légitimement voués à la répression. La capacité du mouvement à ne pas se diviser face aux propositions gouvernementales constitue un enjeu majeur. Pour ce faire, nous devons les juger, non en fonction d'*a priori* idéologiques, mais suivant deux critères qui renvoient à la raison d'être même du mouvement : les mesures proposées freinent-elles la marchandisation du monde, favorisent-elles un meilleur exercice de la démocratie ?

Au-delà du contenu précis des propositions qui s'esquissent, le débat de fond va porter sur la nature de la régulation. Faut-il accepter une régulation sociale-libérale, qui vise à adapter nos sociétés aux exigences du capitalisme financiarisé, tout en préservant un minimum de cohésion sociale, et ce en prenant des mesures pour en atténuer les effets les plus visibles ? Ou, au contraire, faut-il contrecarrer le mode de fonctionnement actuel du capitalisme en lui imposant des règles, droits sociaux, normes environnementales, qui lui sont étrangers, ébauchant ainsi les contours d'une société différente ? Les propositions du mouvement s'inscrivent clairement dans cette dernière perspective.

Ces propositions ne pourront voir le jour sans que soit créé un rapport de forces durable à l'échelle internationale. La question des mobilisations à entreprendre est donc décisive. Nous devons être capables de faire régulièrement la démonstration du caractère massif de nos initiatives et éviter tout ce qui peut contribuer à l'amalgame entre le mouvement contre la mondialisation libérale et le terrorisme. Plus que jamais, nous devons donc réaffirmer notre choix de non-violence. Cependant, sauf à nous étioler, cette volonté de non-violence doit s'accompagner de formes d'action qui n'acceptent pas nécessairement le cadre étriqué dans lequel veulent nous enfermer les gouvernements. Le mouvement ne peut, de plus, se contenter de grands rendez-vous internationaux, aussi importants qu'ils soient. L'enracinement dans les combats nationaux est d'une importance cruciale pour ancrer le refus de la mondialisation libérale dans le quotidien des peuples. De ce point de vue, l'organisation de forums sociaux continentaux devrait marquer une étape importante dans cette voie. En particulier, le Forum social européen prévu en Italie au début de novembre 2002 représente un enjeu politique majeur qui doit s'inscrire dans notre combat contre l'Europe libérale.

Texte rédigé par Pierre Khalfa
à la demande de l'AITEC

Attac dans le monde

24 en Europe : Allemagne, Andorre, Autriche, Belgique, Danemark, Espagne, Finlande, Grande-Bretagne, Grèce, Hongrie, Irlande, Italie, Jersey, Luxembourg, Norvège, Pays-Bas, Pologne, Portugal, Roumanie, Russie, Serbie, Slovénie, Suède, Suisse.

Si les modes d'organisation de ces comités en Europe correspondent a leurs réalités nationales, tous commencent à avoir des coordinations opérationnelles qui favorisent les échanges au niveau européen, échanges qui ont lieu, en particulier, sous forme de rencontres au rythme de quatre à cinq par an.

9 en Afrique : Burkina Faso, Cameroun, Côte d'Ivoire, Madagascar, Mali, Maroc, Sénégal, Swaziland, Tunisie.

12 en Amérique latine : Argentine, Bolivie, Brésil, Chili, Colombie, Costa Rica, Équateur, Paraguay, Pérou, République Dominicaine, Uruguay, Venezuela.

1 en Amérique du Nord : Québec.

1 en Asie : Japon

Si toutes ces organisations se reconnaissent dans la plate-forme du mouvement international Attac, adoptée en décembre 1998, chacune a également son histoire et son mode de fonctionnement propres. Il s'agit d'un réseau sans tête, au sein duquel l'information circule de manière permanente grâce à des outils mis en commun : documents de travail, site et journaux électroniques multilingues (*http://attac.org*), grâce aussi à des rencontres continentales et mondiales (à l'occasion du Forum social mondial de Porto Alegre). Toutes ces organisations utilisent le même logo rouge et blanc que l'on retrouve également sur les drapeaux et banderoles dans les grandes mobilisations sur tous les continents.

DES CHANTIERS EN COURS

Au fil des années, les chantiers d'Attac se sont démultipliés. Rien de surprenant à cela, puisque la logique de la mondialisation libérale investit chaque recoin de la vie économique, politique, sociale et culturelle. Aucun secteur n'échappant à l'emprise de la finance, il était naturel que la revendication emblématique de l'association, la taxe Tobin, vise le capital financier là où il peut le mieux comprendre le message : à la caisse. Grâce à Attac, cette taxe Tobin, seulement connue de cercles d'économistes il y a quatre ans, est devenue un thème central du débat politique en France, en Europe et dans le monde, et elle le restera après le décès du Prix Nobel d'économie.

Très rapidement, d'autres combats se sont également imposés à l'association, en réponse à une offensive libérale menée tous azimuts, et l'on en trouvera seulement un échantillon dans les pages qui suivent. Certains, à première vue de portée seulement locale, sont néanmoins très révélateurs : c'est le cas de la pénétration de l'école par les entreprises, dont l'affaire des « Masters de l'économie » offre un bon exemple. À un niveau plus important, car il touche l'ensemble des citoyens vivant en France, figurent deux dossiers majeurs : la question de l'épargne salariale et, au-delà, celui de l'avenir des systèmes de retraite menacés par les fonds de pension.

L'affaire LU-Danone, sur laquelle Attac s'est fortement mobilisée, a permis de mettre au jour les mécanismes d'une dictature des actionnaires qui sévit partout dans le monde. De même, le hold-up sur le vivant, conduit au niveau planétaire par les multinationales du génie génétique, s'est heurté, en France, à la résistance des citoyens contre les organismes génétiquement modifiés (OGM). Et à la répression qui a frappé de nombreux militants, Attac a répondu par la solidarité et l'exigence de la mise en œuvre du principe de précaution. Enfin, l'Organisation mondiale du commerce (OMC), fer de lance de la marchandisation de tout ce qui vit, est devenue l'institution la plus étudiée et combattue par Attac, tout particulièrement après la conférence de Doha.

Attac et James Tobin

La disparition de James Tobin, prix Nobel d'économie, le 11 mars 2002, a été ressentie avec beaucoup de tristesse par les membres d'Attac. D'autres, mieux que nous, décriront l'apport scientifique des travaux de ce grand keynésien qui, dans les années 1960, s'opposa aux théories monétaristes de Milton Friedman dont le fiasco est maintenant avéré. À quelques milliers de kilomètres de distance, et sans autre communication que des conversations téléphoniques, un lien spécial s'était cependant créé entre Attac et Tobin : la taxe qui porte son nom.

Non pas qu'Attac ait jamais revendiqué le patronage d'un homme dont nous n'ignorions nullement qu'il défendait des thèses libre-échangistes que nous ne partagions pas. En revanche, la taxe Tobin, dénomination tombée dans le domaine public depuis les années 1970, était et reste une des revendications majeures de l'association. En quatre ans, cette taxe sur la spéculation sur les marchés des changes, sorte d'impôt mondial de solidarité, est devenue un élément majeur du débat politique en France, en Europe et, au-delà, dans tous les pays où sont actifs les mouvements s'opposant à la mondialisation libérale. Lors du Forum social mondial de Porto Alegre, en janvier dernier, elle a fait l'objet d'une conférence plénière suivie par des milliers de délégués et de plusieurs séminaires et ateliers. Le nom de James Tobin est ainsi sorti du cercle étroit des économistes pour devenir, certes à son corps défendant, l'emblème d'une volonté de redistribution sociale planétaire.

S'il ne se reconnaissait pas dans les perspectives d'Attac, Tobin n'avait néanmoins jamais changé d'opinion sur la pertinence de sa taxe. Connaissant la virulence de l'opposition que lui manifestait le gouvernement américain, il doutait simplement de sa faisabilité politique. En France, cependant, grâce à l'obstination de parlementaires membres d'Attac s'appuyant sur le mouvement d'opinion que l'association a suscité, la taxe Tobin a été votée par le Parlement, mais avec une conditionnalité importante : elle sera seulement appliquée si les autres pays européens en font autant. D'où l'élargissement de notre combat au niveau du continent. Certains commentateurs et responsables politiques avaient tenté d'utiliser contre Attac une interview du prix Nobel parue dans plusieurs quotidiens européens en août et septembre 2001. Nous rétablissons ici les faits.

James Tobin était-il oui ou non favorable à la taxe qui porte son nom ?

L'interview, parue dans *Le Monde* du 11 septembre 2001, confirmait que la réponse est bien « oui ». Le prix Nobel d'économie persiste et signe. Et cela au sens propre du mot : déjà, dans le numéro 83 (printemps 1999) de *Politique internationale*, James Tobin rappelait les mérites de sa taxe. En mai 2000, à côté de centaines d'autres économistes du monde entier, il confirmait cette position en signant un Appel mondial des économistes, lancé par le Center for Economic and Policy Research (CEPSR) de Washington.

Que disait cet appel? «Des taxes sur les activités de spéculation financière, comme la taxe Tobin sur les transactions monétaires rendent la spéculation plus coûteuse et en réduisent donc le volume, ce qui peut contribuer à la stabilisation des marchés financiers. L'historique des taxes sur les transactions financières, ainsi que les preuves de longue date du succès d'autres formes de régulation financière montrent que la mise en place de taxes sur la spéculation financière peut être une réussite.»

James Tobin, avec sa taxe, entendait contribuer à la stabilisation du système financier international. Etait-il également intéressé par la dimension redistributrice de cette mesure?

Sa réponse était plus nuancée qu'on ne le proclame. D'un côté, il indique : «Les recettes ne sont, pour moi, que secondaires», mais il ajoute : «Je serais heureux si ces sommes parvenaient aux pauvres de la planète». L'Appel de Washington, dont il était co-signataire, dit explicitement : «De plus, de telles taxes permettent de réunir une somme significative de recettes pouvant être utilisées pour combler d'importants besoins sociaux.»

Attac a-t-elle jamais fait dire autre chose à James Tobin?

À aucun moment. Dans tous leurs textes, livres, interventions, les responsables d'Attac ont toujours soigneusement distingué l'objectif visé par le prix Nobel, et que

l'association partage (car nous savons que les crises financières frappent plus durement les déshérités), et les deux
autres objectifs qui nous appartiennent en propre :

– dégager des ressources pour le développement du Sud,
donner accès à l'eau potable au milliard d'humains qui en
sont dépourvus, lutter contre le sida, le paludisme, etc.

– permettre aux gouvernements, et donc aux citoyens,
de reconquérir une partie des espaces démocratiques
abandonnés aux marchés financiers. Nous considérons
d'ailleurs cette dimension comme la principale raison de
l'opposition à la taxe Tobin dans les milieux financiers et
chez leurs porte-parole politiques : ils y voient, à juste titre
d'ailleurs, un précédent qu'Attac et les autres mouvements citoyens utiliseraient pour demander bien davantage en termes de régulation de l'économie et des flux de
capitaux.

Le sigle Attac comporte-t-il le nom de Tobin dans sa déclinaison ?

Non : Attac se décline en Association pour la taxation
des transactions financières pour l'aide aux citoyens. Il est
vrai que, dans son éditorial du *Monde diplomatique* de
décembre 1997 lançant l'idée d'Attac, Ignacio Ramonet,
directeur du mensuel, avait donné aux deux T d'Attac la
déclinaison de « Taxe Tobin ». Il faut dire qu'il avait
d'abord inventé le sigle avant de se préoccuper de sa
déclinaison ! Mais il avait évidemment en mémoire les différents articles sur la taxe Tobin publiés au cours des
années précédentes dans *Le Monde diplomatique*.

Cependant, lorsque l'association fut effectivement
créée, en juin 1998, et ses statuts déposés, « Taxe Tobin »
ne figura pas dans la déclinaison, les 2 T renvoyant à
Taxation des Transactions (financières). À cela deux rai-

sons : ne pas impliquer Tobin, même indirectement, et surtout ne pas limiter le champ d'action d'Attac à cette taxe. Par ailleurs, comme l'atteste la plate-forme constitutive d'Attac, la taxation des transactions financières est seulement l'une des modalités de lutte contre la mondialisation libérale. Nous sommes tout aussi présents sur les fronts de l'OMC, de la dette, des paradis fiscaux, des multinationales, etc. Réduire l'action d'Attac à la taxe Tobin, c'est faire preuve d'une méconnaissance totale de ce qu'est l'association.

Attac a-t-elle abusivement utilisé par ailleurs le nom de Tobin ?

Il faut distinguer l'utilisation du nom de James Tobin en tant que personne, et celle de la taxe qui porte son nom.

Jamais Attac n'a invoqué le nom de l'économiste comme soutien de l'association. Bien au contraire, dans ses interventions sur le sujet, le président d'Attac, Bernard Cassen, fait régulièrement état des réactions de James Tobin lors de ses conversations téléphoniques de l'hiver 1998-1999. Il s'agissait de l'inviter à un séminaire scientifique sur la taxe Tobin (qui s'est effectivement tenu à Paris le 25 janvier 1999).

L'échange avait été très courtois, James Tobin se disant ravi d'apprendre qu'il y avait déjà, à l'époque, davantage de membres d'Attac (un peu plus de 5 000) que d'Américains connaissant son nom ! Il avait précisé qu'«il n'était pas révolutionnaire» – ce que son interlocuteur n'ignorait pas – et conclu qu'il ne pourrait assister au séminaire, tant pour des raisons de santé de son épouse que pour ne pas être lié personnellement à une association dont les objectifs n'étaient pas les siens. Pour lui, avait-il rappelé, l'intérêt de sa taxe était uniquement de diminuer l'instabilité des marchés des changes. Le président d'Attac lui avait dit parfaitement comprendre et respecter cette position.

Le nom de Tobin est une chose, celui de la taxe en est une autre. Ce n'est pas Attac qui a ainsi baptisé la mesure de taxation de la spéculation sur les monnaies : ce sont des générations d'économistes. La taxe Tobin est donc un concept tombé dans le domaine public : tout comme la courbe de Gauss ou le théorème de Pythagore, il existe indépendamment de son inventeur. Attac, comme de nombreuses autres organisations, en a fait la promotion en y ajoutant, mais sous sa seule responsabilité, d'autres préoccupations que celles de son concepteur.

James Tobin doutait que sa taxe soit jamais appliquée.

Il déclarait effectivement : « Certainement pas, hélas ! Les décideurs sur la scène internationale y sont opposés. » Attac lutte précisément pour que lesdits décideurs, en France et en Europe dans un premier temps, soient contraints de changer d'avis. C'est faire preuve d'une grande malhonnêteté intellectuelle que de transformer en souhait de Tobin une situation qu'il était le premier à déplorer.

Les distances que prenait Tobin vis-à-vis du mouvement contre la mondialisation libérale constituent-elles une gêne pour celui-ci ?

Pas du tout, car nous les connaissions et les avons fait connaître depuis le premier jour. Il faut cependant noter que James Tobin, dans l'appel qu'il a signé en mai 1999, indiquait : « Pour ces raisons, nous soutenons l'émergence de ce mouvement international qui tente de mettre en application législativement des taxes appropriées contre la spéculation financière. »

James Tobin ne semblait pas bien connaître Attac, en particulier ses positions sur la violence dans les manifestations.

C'est exact, et il le disait lui-même : « Je ne connais pas vraiment dans le détail ses propositions. Les manifestations dont vous parlez ont été passablement incohérentes. J'ignore cependant si elles reflètent l'état d'esprit d'Attac. »

L'assimilation que James Tobin faisait d'Attac à des groupes violents ne pouvant résulter que de la désinformation pratiquée par la presse américaine, et notamment par des articles du *Wall Street Journal*. Tous nos textes et toute notre pratique démentent cette calomnie. Pour autant, nous ne tenions nullement rigueur à Tobin de croire ce qu'il lisait dans les journaux de son pays.

Après ses entretiens téléphoniques avec Bernard Cassen, il nous était apparu évident que James Tobin ne souhaitait pas être associé à Attac. Nous n'avions donc pas voulu l'importuner en le bombardant de communiqués ou en inscrivant son adresse électronique sur la liste de diffusion de notre lettre hebdomadaire en anglais. C'était une erreur.

Deux échecs à l'intrusion des intérêts privés dans l'Éducation nationale

La détermination des intérêts privés à transformer l'école en gisement de fichiers-clients et en base d'opérations promotionnelles peut être mise en échec dès lors que les syndicats et les associations se mobilisent. Deux décisions récentes en apportent la preuve.

1.- Le 28 janvier 2002, TF 1 a dû renoncer à organiser dans les établissements scolaires un « jeu » intitulé « Le Grand Concours » à propos duquel le directeur de l'enseignement scolaire du ministère, Jean-Paul de Gaudemar, avait cru bon de déclarer qu'il *pouvait mettre en valeur les collèges et les élèves qui choisiraient d'y prendre part*. Les protestations énergiques de la FSU ont contraint la chaîne Bouygues à faire machine arrière. On reste cependant confondu devant les « explications » fournies par la déléguée à la communication du ministre, telles que les rapporte *Le Monde* du 30 janvier : « *Nous avons été sollicités par TF1, qui était pressé et avait besoin de remontées rapides. Nous n'avons pas eu l'impression que c'était un mauvais coup* ». Totalement inconsciente de l'énormité de ses propos, la déléguée semble considérer comme allant de soi que le service public de l'éducation nationale doive se caler sur les urgences d'une entreprise privée. Peut-on faire confiance à de tels « responsables » publics pour empêcher la marchandisation de l'école ?

2.- Le 28 janvier dernier, le ministre délégué à l'enseignement professionnel, Jean-Luc Mélenchon, a répondu à la lettre que le président d'Attac lui avait adressée, en même temps qu'à Jack Lang, au sujet de la reprise du « jeu » « Les Masters de l'économie » du groupe bancaire CIC dans les établissements scolaires. Attac prend acte de la double interdiction que formule le ministre délégué : celle d'organiser des sessions de ce « jeu » dans les séquences d'enseignement, et celle des établissements placés sous sa tutelle de s'y inscrire.

3.- Si cette décision répond aux préoccupations d'Attac, il reste qu'elle concerne seulement les établissements placés sous la responsabilité de Jean-Luc Mélenchon, et nullement ceux, de loin les plus nombreux, placés sous la responsabilité du ministre de l'éducation nationale, Jack Lang. Or, à ce jour, ce dernier n'a pas jugé bon de répondre à la lettre, au contenu identique, qui lui avait été adressée, le même jour qu'à son ministre délégué, par le président d'Attac.

Attac demande donc à Jack Lang de faire preuve à son égard de la même diligence que vis-à-vis de TF1 en lui faisant savoir d'urgence si les Masters sont les bienvenus dans un secteur de l'éducation nationale tout en étant interdits de séjour dans un autre.

Paris, 11 février 2002

L'affaire des « Masters de l'économie »

Depuis plusieurs années, le groupe bancaire CIC organise dans les établissements scolaires un « jeu » intitulé les « Masters de l'économie ». Il s'agit d'un apprentissage précoce à la spéculation financière. De Claude Allègre à Jack Lang, la politique du ministère est restée constante : ne rien faire contre l'intrusion des intérêts privés dans l'éducation nationale. Nous reproduisons ici les deux dernières lettres adressées par Attac au ministre… et restées sans réponse.

Paris, le 25 février 2002
M. Jack Lang
Ministre de l'éducation nationale

Monsieur le Ministre,

Je dois vous faire part de l'extrême préoccupation d'Attac quant à l'attitude de vos services au sujet du « jeu » « Les Masters de l'économie » organisé par le CIC. C'est un sujet sur lequel j'ai personnellement attiré votre attention à plusieurs reprises. Une de vos conseillères, Mme Alice Tajchman, a reçu à la mi-janvier deux membres du Bureau d'Attac qui lui ont fait part du caractère scandaleux de ce « jeu », en fait un apprentissage précoce à la spéculation boursière, dans l'enseignement public.

Le 28 janvier dernier, une décision importante était enfin prise : votre collègue Jean-Luc Mélenchon interdisait ledit « jeu » dans les établissements placés sous sa tutelle. Dans la foulée, nous attendions évidemment de votre part une mesure identique dans les établissements dont vous avez la responsabilité, et nous avions exprimé cette demande dans un communiqué du 11 février, dont je vous joins copie. À ce jour, il n'en a rien été.

Un très grand nombre de nos membres se posent légitimement des questions sur cette inertie qu'ils assimilent volontiers, pour employer un euphémisme, à de la complaisance. Ils se demandent si l'entreprise de marchandisation de l'école – dont les grandes sociétés ne font pas mystère, sous couvert, évidemment, de prétentions « pédagogiques » –, n'est pas menée en plein accord avec les autorités censées la contenir. Aussi envisagent-ils des actions publiques, tant dans les agences du CIC que dans les rectorats, inspections d'académie et établissements concernés. Ils ne manqueront pas non plus de demander aux candidats aux élections présidentielle et législatives de s'exprimer sur ce sujet.

Dans ces conditions, la direction nationale d'Attac attend de vous une prise de position rapide et sans équivoque sur les « Masters », en tant que symboles caricaturaux de la pénétration de l'école par les intérêts privés. Quelle qu'elle soit, elle sera portée à la connaissance de l'opinion, des syndicats d'enseignants, des associations de parents d'élèves, ainsi que de nos adhérents qui sauront en tirer les conséquences.

En espérant que vous voudrez bien prendre la mesure qui s'impose – l'interdiction pure et simple des Masters et des autres « jeux » du même acabit –, je vous prie, Monsieur le Ministre, de croire à l'assurance de ma haute considération.

Bernard Cassen
Président d'Attac
Paris le 20 mars 2002
Lettre ouverte à M. Jack Lang
Ministre de l'éducation nationale

Monsieur le Ministre,

J'ai attiré votre attention à plusieurs reprises (et notamment dans ma lettre du 25 février dernier) sur le scandale que constituait l'organisation du « jeu » « Les Masters de l'économie» dans les établissements scolaires. Sous couvert de visées pédagogiques, ce «jeu» du groupe bancaire CIC est en réalité un apprentissage précoce à la spéculation boursière, et son exposé des motifs se lit comme un hymne aux bienfaits de la mondialisation financière.

Vous n'avez pas jugé utile de me répondre. Sans doute entendiez-vous gagner du temps pour permettre au « jeu » en question de se dérouler jusqu'à son terme. C'est chose faite aujourd'hui 20 mars où les lauréats seront désignés. Nous espérons que le CIC saura rendre hommage à la bienveillante collaboration du ministère de l'éducation nationale, et du ministre lui-même.

Votre attitude – contrairement à celle de votre collègue chargé de l'enseignement professionnel qui, lui, a interdit le «jeu» dans les établissements placés sous sa tutelle – indigne profondément les militants d'Attac. D'autant qu'elle s'inscrit dans une série de collusions, menées sous votre autorité, entre le service public de l'éducation et des intérêts privés : publicité pour la marque Morgan, tentative, heureusement avortée sous la pression syndicale, de « partenariat » avec TF1, pour ne citer que deux cas emblématiques récents.

Cette attitude serait moins choquante si, dans le même temps, n'était pas tenu un discours contradictoire, tel celui du message que vous avez adressé au Forum mondial de l'éducation tenu en octobre 2001 à Porto Alegre.

Nous constatons que si la mondialisation libérale, avec ses ravages, est absente du débat électoral – plusieurs des responsables politiques français présents au Forum social mondial de janvier dernier ayant été brutalement frappés d'amnésie à son sujet dès leur retour du Brésil –, elle est en revanche à l'honneur dans les établissements dont vous avez la charge.

En vous confirmant qu'Attac va continuer à lutter avec détermination pour l'interdiction pure et simple des Masters et autres « jeux » du même acabit dans le service (encore) public de l'éducation nationale, je vous prie, Monsieur le Ministre, de croire à l'assurance de ma haute considération.

Bernard Cassen
Président d'Attac

Doha confirme la logique ultralibérale de l'OMC

Les représentants des 142 États membres de l'OMC – parmi lesquels ceux des pays développés ont exercé une influence déterminante – ont adopté une déclaration finale entérinant l'orientation ultralibérale des négociations commerciales multilatérales à venir et confirmant la prééminence du droit du commerce sur les droits humains, sociaux, culturels et environnementaux. Parodie de démocratie, la méthode de négociations a permis une fois de plus la marginalisation de la majorité des pays du Sud et leur soumission à la pression sans précédent des lobbies et des gouvernements du Nord.

1.- Sur l'agriculture, ni l'impératif de la souveraineté alimentaire ni la protection des agricultures paysannes (et son corollaire, la suppression des subventions aux exportations) ni la multifonctionnalité de l'activité agricole, notamment sa contribution au développement durable, ne sont reconnues ;

2.- Sur les services, les négociations vont se poursuivre, permettant le démantèlement des services publics au profit des seules entreprises multinationales des pays riches ;

3.- Sur l'accès au marché pour les produits non agricoles, la déclaration n'a pas retenu l'évaluation, réclamée
par l'Inde et 6 pays africains, de l'impact que la baisse des
tarifs douaniers sur les produits industriels aura sur les
industries du Sud. Ce refus signifie la poursuite d'une
ouverture commerciale totalement déséquilibrée au seul
profit des entreprises du Nord ;

4.- Sur les « nouveaux secteurs » – investissement,
concurrence, transparence des marchés publics et facili-
tation commerciale –, et malgré la forte opposition de
nombreux pays du Sud en position évidente de faiblesse,
les négociations devront impérativement aboutir en 2005.
Plus spécifiquement, sur l'investissement, c'est l'Accord
multilatéral sur l'investissement (AMI) – mis en échec à
l'OCDE en 1998, suite à l'action des mouvements
citoyens – qui revient par la grande porte ;

5.- Les quelques avancées sur l'accès aux médicaments
restent de faible portée : le droit fondamental à la santé
restera soumis à la logique du profit des grandes firmes
pharmaceutiques, et les pays les moins avancés (PMA) en
restent exclus. Et tout reste en l'état quant au brevetage
du vivant et à la confiscation de la biodiversité par les
transnationales du Nord ;

6.- En matière d'environnement, les éventuelles conclusions des discussions prévues sur l'articulation entre les
règles commerciales et les accords multilatéraux sur
l'environnement ne concerneront que les États ayant ratifié ces derniers. C'est là un formidable encouragement à
suivre le déplorable exemple des États-Unis qui se refusent à ratifier le protocole de Kyoto et celui sur la biosécurité. Le principe de précaution, impliquant le renver-
sement de la charge de la preuve (c'est à l'exportateur,

par exemple celui de bœuf aux hormones ou d'aliments génétiquement modifiés, qu'il devrait incomber de démontrer l'innocuité de ses produits, et non à l'importateur de faire la preuve de leur éventuelle nocivité) et l'éco-étiquetage sont donc logiquement exclus du champ de la déclaration, et la sécurité sanitaire délibérément sacrifiée aux intérêts commerciaux.

7.- Sauf par de vagues références à des discussions en cours à l'Organisation internationale du travail, mais dépourvues de toute valeur contraignante, le social est absent de la déclaration finale. Le feu vert est ainsi donné à la poursuite de toutes les formes de dumping, ainsi qu'à l'exploitation, par les firmes transnationales, des travailleurs des Etats aux législations les plus laxistes.

8.- Enfin, la nécessaire réforme en profondeur de l'OMC, et notamment la suppression du statut exorbitant de l'Organe de règlement des différends (ORD) n'est pas à l'ordre du jour.

Le bilan de Doha est donc presque totalement négatif. Il va accentuer les effets les plus désastreux de la mondialisation libérale. Deux types de positions méritent qu'on s'y arrête : celles des gouvernements du Sud et celles de l'Union européenne.

9.- Il ne faut pas se voiler la face : la plupart des représentants des gouvernements du Sud, tout en défendant, pratiquement sans aucun succès significatif, les droits de leurs citoyens face aux transnationales du Nord (l'exception, très limitée, étant celle de l'accès aux médicaments), ont néanmoins fait alliance avec les États-Unis contre l'UE pour empêcher toute référence à la prise en compte des dimensions sociale et environnementale, ainsi que, par ailleurs, à la sécurité alimentaire. Il n'y a là rien de surprenant.

Beaucoup d'entre eux sont les simples porte-parole des grands intérêts locaux et non des forces sociales. C'est ainsi que la sécurité alimentaire, défendue par les organisations paysannes de 70 pays, regroupées dans La Via Campesina, ne trouve aucun écho gouvernemental. Les normes sociales et environnementales sont perçues par ces gouvernements comme des contraintes supplémentaires à leurs exportations, alors que leur endettement les contraint à générer à tout prix des devises pour payer les intérêts. C'est là la principale finalité des plans d'ajustement structurel de la Banque mondiale et du FMI. L'annulation de la dette publique de ces pays constitue donc un préalable à une réorientation de leurs économies vers la satisfaction de la demande interne (notamment alimentaire) au lieu de la priorité aux exportations. Cela rend le dialogue difficile avec eux car ils sont prompts à mettre dans le même sac gouvernements et mouvements sociaux du Nord en les accusant indistinctement de «protectionnisme».

10.- L'attitude de l'UE est inacceptable. Pour ne pas se trouver «isolée» et déclarée responsable de l'«échec» de Doha, elle a cédé sur les questions qui tiennent le plus à cœur aux mouvements sociaux (dimensions sociale et environnementale, dans tous ses aspects) pour mieux préserver les intérêts de ses transnationales (dans l'Accord général sur le commerce des services) et de la grande agriculture productiviste (subventions aux exportations). Le mandat donné par les gouvernements des Quinze au commissaire Pascal Lamy n'a été respecté que pour ses « grands électeurs» habituels, et sur le dos des citoyens.

Attac dénonce vigoureusement les accords de Doha qui tournent en dérision l'exigence d'un monde plus solidaire et respectueux des droits humains, sociaux et environnementaux et placent le commerce au-dessus de tout autre impératif. L'association va entreprendre une campagne d'information, ainsi que des actions en direction du gouvernement français et de la Commission européenne sur chacun des volets de la déclaration de la conférence ministérielle afin qu'ils ne soient pas mis en œuvre. Avec tous ses partenaires, elle va renforcer ses contacts avec les mouvements sociaux du Sud, en premier lieu à l'occasion du Forum social mondial de Porto Alegre, pour élaborer avec eux des positions communes à opposer à l'Internationale libérale. Ces positions dépasseront le seul cas de l'OMC pour prendre en compte l'ensemble des institutions multilatérales partageant son idéologie ultralibérale (Banque mondiale, FMI, OCDE) afin de rééquilibrer l'ordre mondial vers l'élimination de la pauvreté, la lutte contre les inégalités et la réponse solidaire aux grands défis écologiques et sociaux.

Paris, 15 novembre 2001

Épargne salariale :
fausses raisons et vrais enjeux

Votée en octobre 2000, la loi Fabius sur l'épargne salariale vise à donner à celle-ci le triple rôle d'améliorer «la qualité des relations sociales dans l'entreprise… répartissant plus équitablement les fruits de la croissance… [pouvant] concourir à la retraite». Derrière le projet de loi, très technique, ce sont donc des questions fondamentales pour l'évolution de la société qui sont en jeu. Vers quel système de retraite le gouvernement veut-il nous diriger?

Quelle place pour le salaire? Sur quelles bases fonder les relations sociales dans l'entreprise? Devant le refus de larges secteurs de l'opinion de la mise en place de fonds de pension, un vocabulaire nouveau et des arguments différents ont fait leur apparition. Ainsi, on ne parle plus de fonds de pension, mais de «fonds d'épargne salariale», on n'évoque plus la question des retraites, mais la nécessité de donner des «droits nouveaux» aux salariés dans leur entreprise ou de reprendre le contrôle des grands groupes français partiellement détenus par les fonds d'investissement anglo-saxons.

En réalité, le développement de l'épargne salariale remplit deux fonctions. D'une part, il s'agit de transformer en profondeur les relations sociales dans l'entreprise; d'autre part, d'introduire, mais sans le dire, des fonds de pension.

Un dispositif qui existe déjà

Il faut d'emblée distinguer l'épargne «des ménages» de l'épargne dite «salariale». La première renvoie à des choix individuels se situant en dehors de l'entreprise: le livret A, assurance vie, Sicav… La seconde englobe une gamme de dispositifs variés qui se situent tous dans le cadre de l'entreprise.

L'intéressement constitue le dispositif le plus ancien: il remonte à 1959 et, facultatif, il est mis en place par un accord d'entreprise. Il s'agit d'une forme de prime calculée en fonction d'indicateurs consignés dans l'accord, par exemple l'évolution du chiffre d'affaires ou le progrès de la productivité. Contrairement à la participation, cette prime peut être versée immédiatement au salarié si celui-ci le souhaite; elle est soumise à la CSG, mais exonérée de cotisations.

Instituée par une ordonnance de 1967, la participation est, quant à elle, obligatoire dans toutes les entreprises de plus de 50 salariés. Calculée en fonction des bénéfices de l'entreprise, elle est proportionnelle au salaire. Cette prime est obligatoirement bloquée pour une période de trois à cinq ans au minimum. Elle peut être investie en actions de l'entreprise, sur un compte courant bloqué figurant au passif de son bilan, en Sicav ou en un fonds commun de placement d'entreprise (FCPE) investi ou non en actions de l'entreprise du salarié.

À partir de ce socle de départ, le terme d'épargne salariale s'est progressivement étendu. D'abord à l'actionnariat des salariés. Les textes relatifs à la participation prévoyaient la possibilité que celle-ci soit payée en actions de l'entreprise, notamment, on l'a vu, à travers les FCPE. Mais ce sont surtout les privatisations qui ont conduit à un essor de l'actionnariat salarié.

L'ensemble de ces dispositifs a généré un flux de 45,4 milliards de francs en 1997. Il a entraîné 20 milliards de francs d'exonération de charges fiscales et 5 milliards de francs d'exonérations fiscales. Autant de manque à gagner pour la Sécurité sociale et le budget de l'État.

Reprendre le contrôle des entreprises françaises ?

Un argument récurrent consiste à dire que l'épargne salariale apporterait aux entreprises une épargne qui leur fait défaut. C'est tout à fait discutable.

Premièrement, il n'est pas certain que l'épargne salariale apporte de l'épargne supplémentaire. Il est peu probable (et pas forcément souhaitable) que les salariés freinent leur consommation pour épargner plus. Il y aura donc probablement des arbitrages internes à leur épargne au détriment des Sicav et de l'assurance vie, ce qui n'est sans doute pas neutre économiquement (par exemple, sur le niveau des taux d'intérêt) et surtout, au détriment de l'épargne populaire (notamment le Livret A et l'épargne logement), ce qui risque de déstabiliser des circuits de financement servant l'intérêt général.

Deuxièmement, l'économie française ne manque pas d'épargne. Le taux d'épargne des ménages se situe dans la moyenne européenne, les entreprises s'autofinancent très largement, et la balance courante est nettement excédentaire. Cela veut dire que la France, à l'instar de l'Union européenne, est devenue exportatrice de capitaux depuis le début des années 90. Ainsi, 175 milliards de francs ont été investis à l'étranger en 1998. Plutôt que d'un manque d'épargne, la France souffre d'une sous-consommation des ménages, liée à un taux de partage de la valeur ajoutée défavorable aux salariés. La bonne conjoncture de ces dernières années le montre : la reprise a résulté évidemment d'un redémarrage de la consommation, et non d'un supplément d'épargne. Vouloir à tout prix augmenter le taux d'épargne, ce serait casser la consommation qui est le moteur de la croissance.

Une autre chose est de dire que la part des investissements institutionnels étrangers (fonds de placement et fonds de pension) dans la capitalisation boursière des très grandes entreprises est beaucoup plus importante en France qu'ailleurs. Cette faible capitalisation résulte de trois caractéristiques de l'économie française : au départ, un financement externe important, mais avant tout bancaire; puis un désendettement qui a conduit, dans une période de faible accumulation, à un renforcement des fonds propres; enfin, la place importante du secteur public. La remise en cause simultanée de ces caractéristiques, en particulier par les privatisations massives, a fragilisé la structure du capital français à l'égard d'un capital financier totalement dérégulé.

Merci aux contribuables de l'Hexagone !

De plus, la France est devenue un véritable paradis fiscal pour les investisseurs étrangers qui bénéficient du remboursement de l'avoir fiscal. Le coût de cette prodigalité est de 23,5 milliards de francs en huit ans. D'où la gourmandise des fonds de pension américains pour les actions françaises, puisque leurs achats sont subventionnés par les contribuables de l'Hexagone, et qu'aux États-Unis le mécanisme de l'avoir fiscal n'existe pas.

Cela dit, il n'est pas sans intérêt de noter que, selon une étude du Centre de recherche sur l'épargne (CREP), la part des investisseurs étrangers descend à 13,4 % du capital des sociétés françaises si l'on prend en compte les actions des sociétés non cotées en Bourse, soit un taux de pénétration par l'étranger peu différent de celui constaté dans les principaux pays européens.

Et puis, il fallait y penser avant de privatiser à tour de bras ! Mais on ne peut sérieusement dire aujourd'hui que le recours à des fonds d'épargne salariale est susceptible de modifier quantitativement la situation. Selon leur promoteur le plus militant, l'ex-député Jean-Pierre Thomas, ces fonds auraient seulement collecté 30 à 40 milliards de francs en année pleine. L'Association française de banque (AFB), quant à elle, estime ce montant entre 19 et 23 milliards de francs en régime de croisière. Ces évaluations sont à rapprocher des 2 000 milliards de francs d'actions françaises détenues par des investisseurs non résidents.

En outre, cette démarche postule que les fonds d'épargne salariale se tourneraient principalement vers le financement de leur propre entreprise ou d'autres entreprises françaises. Mais pourquoi des «fonds de pension à la française» se comporteraient-ils de manière différente des fonds de pension anglo-saxons, et n'iraient-ils pas chercher une rentabilité plus élevée à l'autre bout du monde? Quand on met le doigt dans l'engrenage financier, il est difficile de faire les choses à moitié. Serait-il possible d'imposer des quotas de placements franco-français? Non, parce que ce serait «illégal» au regard des règles de la libre concurrence : on se heurterait à la Commission européenne. Il est clair que cela ne fait pas partie des intentions des promoteurs de l'épargne salariale...

Le contrôle par des capitaux nationaux n'a d'ailleurs d'intérêt que s'il induit des possibilités d'intervention publique, par exemple en matière de politique industrielle ou d'orientations sociales. Quel sens peut-il avoir dans un capitalisme mondialisé qui tend à unifier le comportement des détenteurs de capitaux? Quel sens peut-il avoir quand le gouvernement français refuse «l'intervention de l'État dans l'économie»? Du point de vue des salariés, la nationalité du capital n'a plus beaucoup d'importance aujourd'hui. Des fonds de pension français, enserrés dans ce système, ne pourraient avoir d'autre comportement que la recherche de taux de profit toujours plus élevés, avec les conséquences que l'on sait en matière de gestion de la main-d'œuvre.

De nouveaux droits pour les salariés?

Le développement de l'épargne salariale et de l'actionnariat salarié est souvent présenté comme une possibilité de mieux associer les travailleurs à la vie, de leur entreprise. L'expérience montre pourtant que, lors des opérations de fusions-acquisitions aux lourdes conséquences sociales, leur avis n'est à aucun moment pris en compte.

Mais des salariés actionnaires pourraient, nous dit-on, peser sur le stratégie de l'entreprise et lui imposer des critères de gestion autres que la maximisation de la rentabilité financière. Cette vision idyllique se heurte d'emblée aux objectifs contradictoires de l'épargne salariée :

– si l'intention est de contrôler le capital de sa propre entreprise, il faudra surtout acheter des actions de cette dernière. Dans ce cas, l'épargne des salariés sera soumise à un risque très important, puisqu'elle dépendra presque exclusivement de la santé financière de leur entreprise, sans possibilité de diversification.

– s'il faut rentabiliser l'épargne des salariés, il faudra aller chercher le profit là où il est, y compris à l'étranger, ce qui ne sera favorable ni à sa propre entreprise, ni même nécessairement à l'investissement en actions nationales ;

– enfin, s'il s'agit de lutter contre les investissements étrangers, rien ne dit que cela se réalisera au profit de sa propre entreprise, ni au mieux des intérêts des épargnants.

Le patronat se fait le promoteur le plus actif de l'épargne salariale. On comprend mal pourquoi il s'évertuerait ainsi à remettre son pouvoir aux travailleurs ! Au moment du bras de fer entre la BNP et la Société générale, on a vu que les salariés actionnaires n'ont pas pu faire valoir un point de vue autonome, et ont servi de masse de manœuvre. Cela n'a rien d'étonnant : la distribution d'actions a notamment pour objectif de faire obstacle à la constitution d'un acteur collectif en atomisant les salariés au prorata de leur porte-feuille, et en segmentant un peu plus le salariat. À un pôle, les précaires – salariés des PME de la sous-traitance, intérimaires, femmes à temps partiel – et, de manière générale, les bas salaires, ne recevront que des miettes symboliques. À l'autre pôle, les salariés les plus qualifiés et les cadres seront transformés en porteurs des intérêts généraux de l'entreprise et en quasi-associés, jusqu'à la prochaine récession en tout cas.

Des salariés qui renonceraient durablement à la progression des salaires ne sauraient espérer retrouver, en tant qu'actionnaires, ce pouvoir perdu. Si l'on veut vraiment étendre leurs droits, il existe d'autres moyens que l'actionnariat : renforcement des pouvoirs économiques des comités d'entreprises, présence d'administrateurs salariés élus par l'ensemble du personnel, droit de contrôle sur les emplois créés dans le cadre de la réduction du temps de travail et, plus généralement, exercice d'un droit d'opposition des salariés aux mesures engageant leur avenir.

Changer la nature des relations sociales

En réalité, l'une des raisons sous-tendant la promotion d'une épargne salariale investie sur les marchés financiers est la volonté de changer la nature des relation sociales dans l'entreprise. C'est ce que dit sans ambages Jean Chérioux dans un rapport du Sénat : « Le salarié n'est plus simplement employé de l'entreprise, il est aussi associé. » Une enquête citée par le rapport en question indique, que, pour 68 % des patrons, l'actionnariat salarié stabilise le personnel. Il permet une meilleure compréhension des entreprises et du marché (83 %), fait que « tous tirent dans le même sens » (86 %) et « motive les salariés » (89 %).

L'association aux résultats de l'entreprise se substitue à l'augmentation de salaire. Voilà pourquoi elle intéresse le patronat. Au lieu de faire progresser les salaires réels au même rythme que celui de la productivité, le nouveau modèle repose sur deux propositions : le blocage des rémunérations et une contrepartie sous forme d'association aux résultats financiers.

La différence entre les deux formules est triple.

1.– La participation financière coûte moins cher au patronat qu'une redistribution des gains de productivité aux salariés, ne serait-ce qu'en raison de ses avantages fiscaux et sociaux.

2.– La redistribution est inégalitaire et discrétionnaire ; elle est fonction du revenu : les cadres en profitent plus que les travailleurs du rang, et las cadres dirigeants plus que tous les autres (notamment en ce qui concerne les options sur titres ou stock options).

3. – Le risque financier est reporté sur les salariés. L'éclatement de la bulle spéculative a mis fin (momentanément ?) à l'illusion de la hausse continue des cours et a, hélas, confirmé les dangers qu'il y avait à jouer sa retraite en Bourse. Ainsi, alors que, suite à la faillite d'Enron, le président des États-Unis a été obligé de reconnaître que « nous devons sérieusement nous inquiéter du fait qu'il y a eu récemment une vague de faillites qui ont privé de leurs retraites de nombreux salariés de ce pays » (*La Tribune*, 12 janvier 2002), le gouvernement essaie d'appliquer en France des recettes qui ont abouti à un fiasco outre-Atlantique.

À l'horizon, les fonds de pension

La seconde raison de promouvoir le développement de l'épargne salariale tient à la volonté d'introduire des fonds de pension sans oser l'assumer politiquement.

Ainsi, la loi Fabius a créé un produit d'épargne salariale, le Plan partenarial d'épargne salariale volontaire (PPESV), plan d'épargne entreprise de long terme (les sommes sont bloquées dix ans minimum), dont l'objectif explicite est de servir de complément de retraite. Il s'agit de la mise en place de fonds de pension, et, de plus, dans la forme la plus désavantageuse pour les salariés. En effet, le système est «à cotisation définie», c'est-à-dire qu'il n'offre aucune garantie de prestation en bout de course. Dans ce système, le risque est supporté entièrement par le salarié. En outre, les sommes versées au PPESV ne sont pas soumises, pour l'essentiel, à cotisations sociales. Ce sont donc les ressources de la retraite par répartition qui sont directement menacées. Plus le PPESV aura de succès, plus l'avenir de la retraite par répartition sera compromis. Ainsi ce qui était condamnable avec la loi Thomas sous la droite devient acceptable dans la loi Fabius.

Un tel développement du système de retraite par capitalisation aurait des conséquences néfastes sur le système par répartition. Il est totalement illusoire de croire que l'on pourra maintenir leur coexistence sur le moyen et le long terme. Les revenus des deux systèmes, en effet, ne s'additionnent pas. Les actifs des fonds de pension sont composés d'obligations et d'actions. Or un bon rendement des obligations suppose des taux d'intérêt réels élevés, ce qui est contraire à la croissance, donc à l'emploi. Le bon rendement des actions suppose de comprimer la masse salariale au maximum. Dans les deux cas, ce sont les ressources du système par répartition qui seront fragilisées.

De plus, les fonds de pension n'offrent aucune garantie de revenu pour l'avenir, comme l'a clairement explicité l'OCDE elle-même : «À mesure que les membres des générations du baby-boom partiront à la retraite dans dix à vingt ans, ils auront probablement un comportement de vendeurs nets, au moins pour une partie des titres accumulés durant leur vie de travail. La génération suivante est de moindre taille, il existe donc une possibilité que, au moment de la retraite, la génération du baby-boom découvre que le revenu tiré des fonds de pension est inférieur à ce qui avait été prévu par simple extrapolation des tendances actuelles.» (OCDE, 1998).

C'est ce que démontre aussi Patrick Artus, économiste à la Caisse des dépôts et consignations : «le rendement de la capitalisation devient normalement faible lorsque le vieillissement survient».

Les retraites au péril de la finance

Sous prétexte d'un « choc » démographique qui rendrait nécessaire la refonte des systèmes de retraite, la finance entend s'ouvrir de nouveaux domaines. Même si on parle souvent d'«exceptionnalité» française, l'offensive contre les retraites par répartition s'inscrit dans un projet véritablement global. Elle est renforcée par le rôle d'élaboration et de pression des institutions européennes qui se fixe pour objectif la réalisation d'un «véritable marché unique des fonds de pension», pour reprendre l'expression sans fard d'un rapport du Parlement européen (rapport Kuckelkorn du 29 février 2000). De telles «réformes» consistent, pour l'essentiel, en un alignement sur les exigences de la finance, et c'est à ce titre qu'Attac les combat.

1. La démographie est un prétexte

Personne ne songerait à nier que la durée de la vie augmente, n'y à s'en plaindre ! Comme la fécondité recule lentement, moins vite cependant que dans d'autres pays européens, le résultat prévisible est l'augmentation continue du nombre de personnes âgées de plus de 60 ans. Elles sont aujourd'hui 12 millions (20 % de la population), et devraient passer à 20 millions en 2040 (30 % de la population).

Un choc « démographique » ?

L'ampleur de ce mouvement suffit-elle à menacer la pérennité de notre système de retraites ? Oui, nous dit-on, puisque le « ratio de dépendance » va augmenter : chaque actif devra subvenir aux besoins d'un nombre croissant de retraités, et cela va finir par créer des tensions insupportables. La manière même de poser le problème suggère d'examiner au préalable le ratio inactifs/actifs, qui évolue de manière très différente du ratio retraités/actifs. La raison en est simple : il y aura certes plus de retraités, mais moins de jeunes aussi. Une évolution compense l'autre, de telle sorte que le nombre total d'inactifs à charge de chaque actif augmente à peine ; la perspective est plutôt celle d'un transfert relatif de la part du revenu global dévolu aux jeunes (dont la proportion décroît) vers les retraités (dont la proportion augmente).

S'il n'y a pas vraiment de débat sur le numérateur du ratio retraités/actifs, l'évolution de son dénominateur suscite en revanche beaucoup d'interrogations. La population active ne dépend pas seulement de facteurs démographiques, mais de nombreux autres paramètres, comme le taux de chômage, le taux d'activité, les flux migratoires ou l'âge de la retraite. Or les projections de ces variables sont beaucoup plus fragiles et sujettes à caution. La commission Charpin, présentant les projections démographiques et macro-économiques à l'horizon 2040, faisait référence à un « chômage d'équilibre » de 9 % pour les quarante ans à venir. Il y a là un véritable dérapage de la « science » économique, qu'il faut souligner. Le contexte de cette discussion est dominé par la menace d'une possible pénurie d'actifs : pour postuler que 9 % des actifs devront malgré tout être durablement tenus à l'écart du marché du travail, il faudrait pouvoir pronostiquer à l'avance l'employabilité de personnes qui ne sont pas encore nées. Même les meilleurs experts en sont incapables.

On touche là une faiblesse de bien des projections qui sous-estiment les effets en retour du «vieillissement» de la société sur d'autres évolutions : en supposant que rien d'autre ne change, on sous-estime la «plasticité» de notre société. Voilà pourquoi ce genre d'exercice a peu de choses à voir avec une véritable prospective, et c'est si vrai que les pronostics à long terme varient d'une année sur l'autre. Quelques mois seulement après le rapport Charpin, en paraissait un autre sur le plein emploi qui désignait comme objectif raisonnable un taux de chômage de 5 % dès 2010. La même incertitude se retrouve du côté des taux d'activité. Entre le rapport Charpin et les premières exploitations du recensement de population de 1999, les évolutions prévisibles des taux d'activité ont sensiblement modifié les perspectives. Avec l'information la plus récente, les caisses de retraite complémentaires ont gagné entre 5 et 10 ans de répit en matière d'équilibre financier. Il n'est donc pas surprenant que le Conseil d'orientation des retraites récemment installé a reçu pour première mission de reprendre la copie du rapport Charpin, dont la durée de vie aura été bien courte.

Deux autres paramètres devraient jouer un rôle important. Le travail des femmes représente un réservoir d'activité non négligeable : si le taux d'activité des femmes d'âge actif et la part du temps partiel s'alignaient sur celui des hommes, la population active serait supérieure d'environ 15 %. Il serait étonnant, dans le cas d'une pénurie croissante d'actifs, que l'on n'aille pas dans ce sens. Il y a enfin l'immigration : les récents travaux du département population de l'Onu ont montré l'augmentation considérable du solde migratoire qui serait nécessaire pour maintenir constant certains ratios démographiques. Ces scénarios ont surtout une valeur illustrative, mais ils suggèrent néanmoins que le simple maintien des tendances récentes n'est pas forcément le scénario le plus vraisemblable.

L'âge ne fait rien à l'affaire

Faut-il alors allonger la durée de la vie active ou bien la réduire ? C'est une recette souvent invoquée, notamment au niveau européen. Le Conseil européen de Barcelone de mars 2002 s'est ainsi fixé comme objectif le recul de cinq ans de «l'âge moyen de la cessation d'activité», d'ici à 2010. Cela reviendrait, en France, à le porter à 63 ans pour les hommes, et 61 ans pour les femmes. Le texte initial prévoyait carrément de faire passer l'âge de la retraite à 65 ans partout en Europe.

Sur le papier au moins, ce recul de l'âge de départ à la retraite devrait permettre de déplacer le ratio de dépendance en prolongeant la période d'activité et en raccourcissant d'autant la retraite. C'est oublier qu'actuellement un tiers seulement des personnes qui font valoir leurs droits à la retraite sont encore en emploi. Ce constat justifie de s'en tenir au principe selon lequel l'âge de la retraite ne peut servir de variable de réglage tant que perdure le chômage de masse. Le récent rapport du Conseil d'orientation des retraites (COR) confirme le bien fondé de cette analyse, en rappelant que les mesures jouant sur l'âge de la retraite « supposent que les conditions permettant un allongement effectif de la durée d'activité professionnelle soient réunies sur le marché du travail ». Faute de quoi, elles conduisent, « pour un grand nombre de travailleurs, à la prolongation de situations de préretraite ou de chômage et, éventuellement, dans un certain nombre

de cas, à des liquidations de pension sur des bases mino-
rées ». Quant aux formules de retraite « à la carte », elles
risquent d'introduire en contrebande la logique de la
capitalisation au sein de la répartition sous prétexte d'une
« neutralité actuarielle » supposant que chacun retrouve
exactement sa mise. Elles laisseraient l'individu seul avec
lui-même, gérant comme il l'entend son capital de points
et ses dates de départ, faisant totalement abstraction de
ce minimum de règles communes sans lequel il n'y a pas
de véritable répartition.

2. La capitalisation est un leurre

Le discours officiel oppose la cigale dépensière de la
répartition à l'épargne de la fourmi prévoyante. Comme si
le fait d'acheter des titres financiers revenait à mettre de
côté aujourd'hui les biens et les services que les retraités
consommeront demain. L'économie ne fonctionne pas
ainsi : il faudra, de toute façon, produire en 2040 ce que
les retraités consommeront en 2040, quelle que soit la
manière dont seront alors financées leurs retraites. Les
autres arguments en faveur de la capitalisation ne valent
pas mieux.

Une réclame peu convaincante

Les avocats de la capitalisation faisaient valoir que celle-
ci permet de bénéficier des meilleurs rendements financiers (au moins 5 % ou 6 %), tandis que la répartition
s'alignerait sur la croissance du PIB (2 %). Ce raisonne-
ment ne pouvait être généralisé : si certains revenus aug-
mentent plus vite que le PIB, il faut bien que d'autres
croissent moins vite. Toute progression du nombre de
rentiers ne peut se solder que par une baisse du rendement ou par une austérité croissante pour les salaires, ce

qui rend difficile de parler de solidarité intergénérationnelle. Enfin, cet argument a perdu beaucoup de son pouvoir de conviction avec le recul de la Bourse et la
spectaculaire faillite d'Enron, dont les salariés n'ont pas
seulement perdu leur emploi, mais aussi leur retraite placée en actions de l'entreprise.

Pour d'autres, des fonds de pension « à la française » permettraient de consolider la capitalisation des entreprises
françaises, trop dépendantes des fonds de placement et des
fonds de pension étrangers. Si tel est le cas, il ne fallait pas
privatiser, ni déréglementer les mouvements de capitaux.
Il y a là un bel aveu d'incohérence, et un symbole de la difficulté à mettre en place une politique industrielle franco-
européenne. L'instauration de fonds de pension ne
changerait rien à cette situation, dans la mesure où ils
n'auraient aucune logique, ni obligation à se « placer français ». C'est d'autant plus vrai que d'autres partisans des
fonds de pension font valoir qu'ils permettraient d'aller
chercher de fortes rentabilités sur les marchés émergents.
Les excellents résultats des grands groupes industriels et
bancaires, ainsi que les grandes manœuvres de fusions et
d'acquisitions dans lesquelles ils sont engagés, y compris
dans le cas de groupes publics comme EDF ou France
Telecom, par exemple en Argentine, montrent qu'ils ne
sont pas limités par leur disponibilité en capitaux.

Dangereux fonds de pension...
La première raison de refuser les fonds de pension est
qu'ils sont dangereux. Ils introduisent un élément fondamental de risque. Rien, en effet, ne garantit le maintien, sur chacune des 40 années à venir, de la rentabilité
actuelle des placements financiers. La retraite va donc
devenir une loterie, selon qu'on la prendra une bonne

année ou une mauvaise. Si des revenus sont distribués en excédent de l'offre de biens et services, l'ajustement se fera par les prix. Mais le plus probable est que le cycle de vie des épargnants pour la retraite provoque une chute des cours boursiers. Contrairement au discours dominant, la capitalisation est en réalité bien plus mal placée que la répartition pour faire face à l'évolution démographique. Même l'OCDE est obligée de souligner ce danger (*Maintaining Prosperity in an Ageing Society*, 1998) : « À mesure que les membres des générations du baby boom partiront à la retraite dans 10 à 20 ans, ils auront probablement un comportement de vendeurs nets au moins pour une partie des titres accumulés durant leur vie de travail. La génération suivante est de moindre taille, et il existe donc une possibilité de baisse du prix des titres. De plus, et en raison également de la taille réduite de cette génération, le stock de capital augmentera plus vite que la force de travail, et ceci tendra également à faire baisser les rendements sur les actifs réels ; il existe donc une possibilité qu'au moment de la retraite, la génération du baby boom découvre que le revenu tiré des fonds de pension est inférieur à ce qui avait été prévu par simple extrapolation des tendances actuelles ».

La seconde raison de refuser les fonds de pension est qu'ils sont un ferment d'inégalités accrues. Dans une situation où le régime de base serait, de fait, gelé et concurrencé par les incitations et exonérations en faveur des fonds de pension, seuls les hauts salaires pourraient utiliser pleinement les possibilités de capitalisation. L'épargne financière est déjà très inégalement répartie selon les catégories sociales et les revenus. Ainsi, elle est de loin la plus faible chez les employés et les ouvriers qui constituent plus de 57 % de la population active, et dont les taux de chômage sont les plus élevés. Les salariés qui ont des carrières chaotiques ou à mi-temps, notamment les femmes, ne pourraient espérer accéder à une retraite à taux plein.

Le caractère facultatif de ces régimes aggraverait leurs effets discriminatoires, sous couvert de libre choix. Du coup, les tensions actifs-inactifs, que serait censée créer l'augmentation de la cotisation, se traduiraient sous une forme beaucoup plus nette en un conflit entre les actionnaires-retraités et les salariés. Il y a donc un risque majeur de différenciation sociale accrue, y compris chez les retraités. Sous prétexte d'anticiper des difficultés, on fabriquerait au contraire, avec les fonds de pension, de véritables bombes sociales à retardement.

La troisième raison de refuser les fonds de pension est qu'ils représenteraient une soumission accrue à la finance. Toute l'expérience récente devrait conduire, au contraire, à limiter la finance et à l'encadrer. Une telle dépendance aurait des effets économiquement détestables, sous forme d'une croissance poussive et chaotique, d'une instabilité financière internationale accrue, et enfin d'une pression permanente aux réductions d'effectifs : les fonds de pension jouent bien souvent le rôle de cheval de Troie d'une *corporate governance* alignée sur des exigences de rentabilité maximale. La capitalisation servirait de ciment à une alliance sociale entre patrons, rentiers et franges supérieures du salariat, qui agirait dans le sens d'un creusement des inégalités et de l'exclusion.

… même à petite dose

Faute de pouvoir passer à un système intégral de capitalisation, on cherche à l'introduire à dose homéopathique, de manière, nous dit-on, à combiner au mieux les avantages des deux systèmes. Le premier dispositif utilisé est le fonds de réserve, créé par la loi de financement de la sécurité sociale pour 1999, puis constitué en établissement public par la loi du 16 juillet 2001. Il est alimenté par une partie des excédents de la branche vieillesse, par la privatisation des Caisses d'épargne, par une contribution sur les dépôts aux plans partenariaux d'épargne salariale volontaire (PPESV), et enfin par les recettes tirées des licences téléphoniques UMTS. Ses réserves devraient atteindre 13 milliards d'euros fin 2002.

Ces modes de financement sont révélateurs. La cotisation établie sur l'épargne salariale constitue un aveu : il s'agit bien, contrairement à ce qui est proclamé, d'un substitut à la retraite, sur laquelle on prélève une cotisation de 8,2 %, égale, par pure coïncidence, au taux de cotisation-vieillesse. Quant aux ventes des licences téléphoniques, elles viennent illustrer le caractère improvisé d'un projet qui n'aura pas tenu deux ans : les caprices de la Bourse ont divisé par 8 le prix des licences (4 milliards au lieu de 32, pour chaque opérateur) et l'on s'est alors tourné vers des privatisations d'autoroutes dans le Sud de la France !

Le fonds de réserve ne peut jouer qu'un rôle marginal dans le financement des retraites. Sa fonction principale est sans doute ailleurs. Quelle que soit sa portée réelle, sa mise en œuvre aura, en tout état de cause, modifié subrepticement le mode de financement des retraites, puisque rien n'empêche qu'une fois le fonds en place, il se substitue à la progression des cotisations. C'est la logique dite de la « cannibalisation », mais on pourrait aussi bien parler d'un effet « cheval de Troie » : il s'agit bien de faire passer en contrebande un tout autre projet consistant à faire reculer la cotisation (et donc la répartition) au profit d'une capitalisation qui n'ose pas dire son nom.

Une autre manière d'introduire de la capitalisation, c'est évidemment l'épargne salariale à laquelle une contribution de cet ouvrage est consacrée (*voir page 87*). Il suffit de rappeler ici l'avertissement du COR : Un « développement excessif de formes de rémunération non salariales et non soumises à cotisations sociales fragiliserait les régimes de retraite. Il est clair aussi que les encouragements à l'épargne sont négatifs pour les régimes de retraite, lorsqu'ils s'accompagnent de larges déductions de cotisations à l'assurance vieillesse ». C'est exactement le risque de « cannibalisation » de la répartition que nous dénonçons depuis longtemps.

3. La répartition est un choix possible

On dit souvent que les gouvernements successifs n'auraient pas eu le courage d'entreprendre les nécessaires «réformes». Or les réformes d'ores et déjà engagées, et notamment le plan Balladur de 1993, vont avoir des conséquences désastreuses : le taux de remplacement, autrement dit le niveau relatif de la pension moyenne par rapport au revenu moyen, devrait baisser de 20 % d'ici à 2040. Alors que la France est présentée comme le seul pays d'Europe à ne pas avoir réformé son système de retraite, les comparaisons internationales montrent au contraire que notre pays figure parmi ceux où la baisse déjà programmée du niveau relatif des pensions est la plus forte.

Deux règles du jeu pour sécuriser la répartition
Premier principe : un modèle de croissance régulière implique que la part des salaires dans le revenu national soit portée à un niveau compatible avec le plein emploi.

Le schéma souhaitable est donc le suivant : dans une première phase, la part des salaires serait progressivement relevée de cinq points (la moitié de la baisse enregistrée depuis 1983). Ensuite, serait instaurée une règle simple consistant à stabiliser cette part salariale, ce qui revient à dire que la masse salariale doit progresser au même rythme que l'activité économique.

Deuxième principe : les retraites doivent progresser au même rythme que le salaire net moyen, ce qui revient à dire que le taux de remplacement doit rester constant. Cette règle établit l'égalité intergénérationnelle, à l'inverse de l'indexation sur les prix instituée par la réforme Balladur, qui revient à exclure de plus en plus les retraités du partage des gains de productivité.

Si ces principes étaient respectés, l'augmentation du ratio retraités/actifs se traduirait par une élévation progressive du taux de cotisation, compatible avec une progression d'ensemble du pouvoir d'achat. Le régime de retraites par répartition pourrait alors, mieux que tout autre, accompagner les transformations de la société, sans la faire basculer un peu plus dans l'anarchie financière. Ce point de vue, que nous avions opposé en son temps au rapport Charpin, a reçu récemment l'aval du COR : « Dans un contexte de croissance de productivité soutenue, une augmentation des taux de cotisations peut être compatible avec une croissance du revenu net des actifs, moindre que la croissance de la productivité, mais significative ; elle peut ainsi soutenir largement la comparaison avec l'évolution du revenu net des actifs durant ces dernières décennies. Ce schéma peut alors être considéré comme équitable, car permettant une évolution du niveau de vie des actifs et des retraités, même s'il correspond à une dégradation du rendement des transferts pour chaque génération. »

Faire un choix de société : mieux répartir les revenus

Le financement des retraites est surtout une question de répartition des richesses. À moins de programmer leur paupérisation systématique, l'augmentation relative du nombre de retraités implique logiquement une augmentation de leur part dans le revenu national, quel que soit d'ailleurs le système de retraites. Si les règles que nous préconisons sont respectées, la part des retraites devrait ainsi passer de 12 % aujourd'hui à 18,5 % du PIB en 2040. Cette évolution s'accompagnerait d'une augmentation de 15 points du taux de cotisation lissée sur 40 ans, soit 0,37 point par an. On le voit, les présentations alarmistes ne sont pas de mise, et il est difficile de croire qu'une telle ponction suffirait à mettre par terre toute l'économie. Cette augmentation de 6,5 points de la part des retraites dans le PIB doit être d'autant plus relativisée que le poids des pensions s'est accru de plus de 7 points entre 1960 et 1998, passant de 5 % à plus de 12 % du PIB, sans qu'ait été enregistrée une quelconque « révolte des actifs ».

Les modalités pratiques du schéma proposé ici doivent faire l'objet de négociations régulières, tous les cinq ans par exemple, qui introduiraient des éléments de planification sociale dans la répartition des revenus. Les choix de la société pourraient alors s'effectuer dans une transparence plus grande, y compris dans leur dimension conflictuelle. C'est dans ce cadre que pourrait être posée la nécessaire harmonisation entre public et privé. L'injustice instaurée dans le privé ne sera pas tempérée par la mise en place d'une injustice du même ordre à l'encontre des retraités du public. L'ajustement doit se faire par le haut, après abrogation des mesures de 1993, autour d'une règle commune postulant un partage équitable des richesses à venir : à savoir le maintien, dans le futur, de la parité actuelle des niveaux de vie entre actifs et retraités. Cela implique notamment un retour aux 37,5 annuités de cotisations pour tous : une opération réalisable, puisque le COR estime son incidence sur les besoins de financement à 0,3 point de PIB, ce qui est négligeable.

La discussion sur les retraites est donc indissociable de la question de la répartition des revenus. Si on fait de nouveau baisser la part des salaires, aucune «réforme» des retraites ne pourra éviter un appauvrissement relatif des salariés, qu'ils soient actifs ou retraités. Une série de variantes réalisées par l'OFCE à la demande du COR montre, en sens inverse, qu'une augmentation de la part des salaires a des effets neutres sur le fonctionnement global de l'économie si elle est compensée par une baisse des dividendes. On retrouve ainsi l'idée que la menace pesant sur les retraites vient plus de la ponction opérée par les revenus financiers que de la démographie.

Contribution de Michel Husson,
membre du Conseil scientifique

QUELQUES TEXTES DE RÉFÉRENCE

Certains détracteurs d'Attac qualifient parfois l'association de regroupement d'«intellectuels», ce qui, à leurs yeux, n'est sans doute pas un compliment. Donnons-leur acte de ce qui est effectivement un principe fondateur de notre association : pour nous, l'action et le militantisme ne sauraient être conduits tête baissée ou à partir de simples slogans, sans connaissance des tenants et aboutissants. Pour agir, il faut d'abord s'approprier les mécanismes que l'on prétend combattre, et cela réclame un minimum de travail. Du tract au livre, en passant par la pétition, l'exigence de rigueur doit être permanente. Mais, comme l'atteste l'expérience des innombrables conférences-débats et sessions de formation organisées par les comités, ce travail est à la portée de chacun, « intellectuel » de profession ou non, comme nous l'avons vérifié lors de nos universités d'été.

C'est le souci de produire et diffuser une information irréprochable qui nous a conduits à prévoir, parmi nos instances statutaires, un Conseil scientifique fonctionnant en toute indépendance. Il est composé d'universitaires et de chercheurs, ainsi que de professionnels et de syndicalistes qui apportent soit une collaboration régulière, soit des contributions ponctuelles en fonction de leur spécialité. C'est à certains d'entre eux que l'on doit les ouvrages publiés par Attac.

Les travaux du Conseil scientifique, ainsi que ceux des autres instances de l'association, ne débouchent pas uniquement sur des livres. Ils donnent aussi lieu à de nombreux documents, dont plusieurs figurent ci-après, et ils peuvent même alimenter la réflexion des parlementaires, comme cela a été le cas sur le projet de loi sur les «nouvelles régulations économiques », au printemps 2000.

La question des clauses
sociales et environnementales
Un débat qui traverse le Nord et le Sud

I.- Un socle de droits

Le tournant représenté par Seattle a eu pour conséquence de donner aux mouvements de contestation de la mondialisation libérale de nouvelles responsabilités. Parmi celles-ci, la mise en avant de propositions alternatives devient un facteur important pour renforcer la crédibilité de ce combat, et donc des rapports de force à construire. C'est dans ce cadre qu'il nous faut avancer sur la question dite des clauses sociales et environnementales, c'est-à-dire des normes minimales en matière de droit du travail et de respect de l'environnement dont il faut exiger partout l'application. Ce qui pose la question des moyens d'y parvenir.

L'objectif est de contrer la remise en cause des droits sociaux par les gouvernements et de faire respecter, à l'échelle d'une planète mondialisée, les droits universels que l'Organisation internationale du travail (OIT) s'est attachée à codifier sous forme de conventions. Un socle minimal universel – qui, dans beaucoup de pays, est complété par des acquis sociaux à préserver – doit comprendre les conventions suivantes : n° 1 sur le temps de travail ; n° 29 et n° 105 contre le travail forcé ou obligatoire ; n° 87 sur la liberté syndicale ; n° 98 pour le droit d'organisation et de négociation collective ; n° 100 pour l'égalité de rémunération entre femmes et hommes ; n° 111 contre toute discrimination dans l'emploi ; n° 138 sur l'âge minimum et le travail des enfants ; n° 26 et n° 131 sur le salaire minimum. On pourrait rajouter à ce socle d'autres conventions : sur la norme minimale de sécurité sociale (n° 102), sur la protection de la maternité (n° 103), ou sur la politique sociale (n° 117).

Concernant les normes environnementales, il s'agit, en particulier, de faire respecter les accords de Montréal, les conventions de Rio et de Kyoto et, plus largement, de ne pas séparer le développement économique de la préservation de l'avenir de la planète.

II.- Deux difficultés et un préalable

1.- Des clivages inédits

La première difficulté renvoie aux divisions qui existent sur ce sujet des normes sociales et environnementales, non seulement entre les gouvernements, mais également entre les différents mouvements engagés contre la mondialisation libérale, et qui recoupent, mais seulement en partie, pays du Nord et pays à bas salaires, notamment ceux du Sud.

2.- Le faux choix du tout-à-l'export

La seconde, plus importante encore, renvoie au fait que cette question ne peut être isolée d'une autre, plus vaste : celle du modèle de développement des pays du Sud. Le choix fait par beaucoup de pays à bas salaires du tout-à-l'export ne tombe pas du ciel. Il résulte, pour l'essentiel, de la nécessité de trouver des devises pour payer la dette. Cette orientation a été imposée par le FMI et la Banque mondiale à travers les programmes d'ajustement structurel, et elle est soutenue activement par les groupes de pression intéressés à l'ouverture de nouveaux marchés (que sont aussi les pays du Sud) et de nouveaux réservoirs de main-d'œuvre bon marché. Elle résulte aussi parfois de choix délibérés des gouvernements de certains pays, et se traduit par la destruction des agricultures vivrières, démarche à laquelle il faut opposer le droit des peuples à se nourrir eux-mêmes.

3.- Des bases pour un contrat social mondial

Tant qu'il n'est pas offert à ces pays une alternative globale au tout-à-l'export, toute mesure perçue à tort ou à raison comme « protectionniste» de la part des pays du Nord sera interprétée comme un double langage consistant à dire, d'un côté, «il faut nous acheter beaucoup», et, de l'autre, «il ne faut pas nous vendre trop ». C'est pourquoi la seule référence à des clauses sociales ne suffit pas. Il faut, en préalable, les insérer dans un ensemble qui donne des garanties aux pays les plus pauvres, et qui fonde une sorte de contrat social mondial autour des éléments suivants :

– annulation de la dette publique ;

– stabilisation du cours des matières premières ;

– refus du dumping agricole et alimentaire pratiqué par des pays industrialisés par le biais de mécanismes d'aides directes et indirectes aux exportations ;

– taxation de la spéculation sur les monnaies (taxe Tobin) dont une partie importante devrait revenir au Sud ;

– accords de coopération commerciale ;

– transferts de technologie, notamment en matière de production d'énergie ;

– rétablissement, puis augmentation de l'aide publique au développement pour la construction d'infrastructures.

Il s'agit, en substance, de tendre vers un nouveau mode de développement, plus autocentré, qui vise à développer et satisfaire la demande interne plutôt que les exportations à outrance. Au-delà, la question des normes sociales et environnementales ne peut être dissociée de celle de la place des êtres humains et de la préservation de la bio-sphère dans les processus économiques. Alors que le capital tend à les soumettre à sa logique de valorisation maximale, Attac se bat pour un monde dans lequel les êtres humains puissent dominer les processus écono-miques dans le cadre d'un développement soutenable pour les générations futures. Dans ces conditions, il faut considérer que sont parties intégrantes du patrimoine commun de l'humanité – et donc non marchandisables – l'air, l'eau, le génome et la transmission des connaissances.

III.- D'abord, dégonfler la « bulle commerciale »

La question des normes sociales et environnementales ne s'est récemment posée avec acuité que parce qu'elle s'est trouvée liée aux négociations de l'Organisation mon-diale du commerce (OMC). Certains ont, en effet, consi-déré que, faute d'autres mécanismes crédibles pour les imposer, c'est par le biais de conditionnalités appliquées au commerce international qu'elles pouvaient commen-cer à être mises en œuvre. Si cette approche est loin de faire l'unanimité, elle a au moins le mérite de soulever le problème – rarement abordé de front – du rôle du com-merce dans l'ordre néolibéral. Ce n'est pas pour rien que, des trois « libertés » de la mondialisation – circulation des capitaux, investissement et échanges de biens et de ser-vices – c'est la dernière à laquelle les institutions finan-cières et les transnationales sont le plus attachées.

Le rythme de croissance du commerce international au cours des dix dernières années a été constamment plus élevé que le rythme de la croissance de la production mondiale (parfois dans un rapport de 1 à 5) : c'est la «bulle commerciale». En favorisant l'extraversion généralisée des systèmes productifs – les pays ou ensembles régionaux ne maîtrisant ni leurs intrants ni leurs débouchés – les libéraux ont compris, plus vite que d'autres, qu'ils diminuaient d'autant la capacité d'intervention des États, déconstruisaient les collectifs et se ménageaient ainsi des marges de manœuvre supplémentaires. Le développement autocentré – qui ne signifie nullement autarcie – renvoie non seulement à un impératif social (par exemple en termes de sécurité alimentaire), mais également à un impératif démocratique.

Une grande partie des flux commerciaux est parfaitement parasitaire – on s'achète et se vend souvent les mêmes biens – et elle a des conséquences catastrophiques pour l'environnement : dilapidation d'énergies non renouvelables par la prolifération des transports, pollution, effet de serre, etc. Le dégonflement de la «bulle commerciale» est donc aussi un impératif écologique.

La réflexion des mouvements sociaux doit donc s'affranchir du paradigme libre-échangiste afin de ne pas seulement déplorer les conséquences, mais aussi de s'interroger sur les causes. Cela doit conduire, en particulier, à réfléchir au niveau souhaitable du volume du commerce international. Il serait peu cohérent, en effet, que nous préconisions des régulations en matière financière et, en même temps, de nous en remettre aux seules « lois du marché » en matière commerciale. Sans être un préalable absolu à la discussion sur l'articulation entre clauses sociales et sanctions (commerciales ou autres), une réflexion commune au Nord et au Sud sur le commerce et ses limites pourrait sérieusement déblayer le terrain.

IV.- Trois principes

Si la discussion sur le contenu et les modalités de mise en œuvre des clauses sociales et environnementales doit être approfondie, et reste donc un sujet de débat (voir plus loin), la réflexion disponible conduit à mettre en avant trois grands principes :

1.- Récuser l'OMC

De par son histoire, son mode de fonctionnement et sa charte, qui vise à développer le libre-échange et la marchandisation de toutes les activités humaines, l'OMC ne saurait être l'institution chargée de faire respecter des droits sociaux fondamentaux. Dans le meilleur des cas, elle ne peut être qu'une institution visant à égaliser les conditions de la concurrence entre les firmes.

De plus, parce qu'elle est un instrument aux mains des firmes transnationales (FTN), l'OMC tendrait inévitablement à utiliser le prétexte des clauses sociales pour instituer un protectionnisme illégitime à l'égard des produits des pays du Sud non contrôlés par ces firmes. Lui confier le rôle de gardien des normes sociales reviendrait à lui attribuer une nouvelle légitimité : celle de protectrice des droits de l'homme. L'édifice néolibéral se trouverait complété, et le commerce deviendrait le support de la morale.

Ce qui a été développé ici sur les normes sociales peut s'étendre aux normes environnementales. Dans la mesure où l'OMC assure la promotion d'un commerce visant au profit maximal immédiat, elle ne peut prétendre assurer un rôle de protection de l'environnement dans la perspective d'un développement durable. La définition des normes et clauses environnementales est effectuée par des pays qui sont les plus pollueurs du monde et qui, au nom de cette «avance», ont décrété que les autres pays ne pourraient pas suivre le même chemin. Dans ce cadre, Attac s'oppose catégoriquement à la création d'un marché mondial de «permis de polluer», sur lequel les pays du Sud pourraient venir vendre leurs quotas pour disposer de recettes leur permettant, par exemple, de payer la dette.

2.- Sanctionner les firmes transnationales (FTN)

Il faut d'abord poser le principe que le droit international et les conventions sur le travail existent, et qu'ils doivent être respectés en tant que tels. Il convient de créer les conditions socio-politiques de leur mise en application.

Il est nécessaire, pour cela, de partir de la réalité : le gros du commerce mondial se réalise entre pays développés, les pays dits émergents représentant – sauf exceptions, la Chine par exemple – une faible partie des importations des pays riches et même des flux de capitaux. À ces exceptions non généralisables et souvent éphémères, les pays à bas salaires créent moins d'emplois après l'ouverture à la mondialisation qu'avant, et ce déséquilibre se retrouve d'ailleurs dans les chiffres de leur balance commerciale. Voilà une nouvelle raison pour ne pas tout focaliser sur une « concurrence déloyale » qui concerne seulement quelques secteurs à forte intensité de main-d'œuvre.

Mais, surtout, la représentation dominante donne à penser que les relations commerciales se font de pays à pays, et que, par exemple, les firmes des pays du Sud exporteraient des produits compétitifs grâce à leur non-respect des normes sociales. Les choses ne se passent pas du tout ainsi : les exportations des pays du Sud vers le

Nord sont, pour plus des deux tiers, réalisées par les FTN ou leurs filiales. Or, celles-ci s'installent de préférence dans des pays, du Nord et du Sud, qui offrent, outre des avantages fiscaux et financiers, de bas salaires, des syndicats faibles et des droits sociaux absents ou limités, et une législation environnementale laxiste. Lorsqu'elles s'installent dans un pays où les travailleurs ont des avantages sociaux, au moins dans certaines branches, elles les remettent en cause et s'efforcent de démanteler les syndicats comme cela a été le cas en Uruguay pour Gaseba, rachetée par Gaz de France.

Attac insiste sur la nécessité de dénoncer tout autant le comportement des FTN en matière de droits sociaux que celui de certains États. S'en remettre à l'OMC pour sanctionner le non-respect de normes sociales reviendrait, au fond, à dédouaner l'action des FTN. Dans un tel système, on sanctionnerait – à juste titre – la Birmanie pour autoriser le travail forcé, mais pas Total qui utilise cette main-d'œuvre pour la construction d'un oléoduc.

Donc toute sanction doit porter autant sur les entreprises qui tirent avantage du non-respect des normes sociales que sur le pays récepteur. C'est la condition de leur efficacité. C'est aussi la condition pour la mise en place de convergences avec les mouvements sociaux du Sud qui pourraient se servir des décisions d'institutions internationales pour mieux faire avancer leur combat en faveur des droits sociaux.

3.- En premier lieu, balayer devant notre porte

Pour que la lutte en faveur de normes sociales et environnementales repose sur de nouvelles alliances Nord/Sud, et pour qu'elle contribue à l'amélioration des conditions de vie et de travail dans l'ensemble du monde, elle doit aussi mettre en évidence et en accusation l'hypo-crisie des gouvernements du Nord sur le sujet.

Cela passe d'abord par des campagnes en direction des gouvernements qui se déclarent favorables aux clauses sociales, mais n'ont pas ratifié ou n'appliquent pas les conventions de l'OIT. Pour ne prendre qu'un exemple, la convention 138 sur le travail des enfants n'a pas été ratifiée par des pays développés comme le Danemark, le Royaume-Uni, le Japon, le Portugal, l'Autriche, les États-Unis, le Canada, l'Australie ou la Suisse. Dans certains de ces pays, comme le Royaume-Uni, le travail des enfants est une réalité. Quelle crédibilité peut-on alors accorder à des États qui prétendent sanctionner ailleurs des entorses aux droits élémentaires qu'ils n'arrivent pas à garantir chez eux? Ce type de campagne est d'autant plus nécessaire que les salariés des pays du Nord sont les cibles d'une offensive visant à remettre en cause les droits sociaux existants.

V.- Quels objectifs, quelle stratégie?

Notre objectif central doit être de construire une alliance internationale des différents mouvements, asso-ciations, ONG, organisations syndicales qui luttent contre la mondialisation libérale dans les pays du Nord et dans les pays à bas salaires.

1.- Favoriser des campagnes de mobilisation internationales ciblées

De manière générale, il s'agit de favoriser l'expression autonome des mouvements sociaux dans les pays du Sud, d'œuvrer à leur renforcement et de construire des pers-pectives que les associations, ONG et syndicats puissent reprendre à leur compte dans ces pays. Ensemble, pays du Sud et pays du Nord, nous devons construire des perspectives de mobilisation.

Fondamentalement, la lutte pour l'imposition de normes sociales et environnementales doit devenir une lutte internationale tournée vers les FTN qui sont les premières bénéficiaires de leur non-respect. Il faut donc révéler des faits que les FTN souhaitent cacher et créer ainsi des mouvements d'opinion qui les mettent sous surveillance. Il s'agit donc de trouver des cibles particulièrement visibles et symboliques permettant une mobilisation internationale efficace. Un bon exemple en est la campagne contre Nike aux États-Unis ou le boycott de la Shell en Allemagne. Ce type de mouvement peut permettre de créer progressivement une opinion publique internationale agissant comme acteur politique sur les gouvernements et les FTN.

2.- Créer des contre-pouvoirs

Ces mobilisations ponctuelles, pour importantes qu'elles soient, sont très insuffisantes. Les différents mouvements de lutte contre la mondialisation libérale doivent se doter de lieux disposant d'une légitimité forte dans les opinions publiques. L'exemple à étudier peut être celui du Tribunal Russell, et l'on pourrait, dans cette logique, envisager la création d'un Tribunal international composé de personnalités incontestables. Une telle institution n'aurait évidemment aucune valeur juridique, mais elle pourrait servir de point d'appui et de référence morale lors des campagnes contre les gouvernements et les FTN.

Il serait indispensable de doubler un tel tribunal d'un réseau d'observatoires associant syndicats, ONG, juristes, etc., chargés d'effectuer une évaluation indépendante de la réalité des situations vécues, d'engager des campagnes de dénonciation et d'assurer ainsi l'émergence d'un contrôle citoyen. Ces lieux constitueraient un réseau de contre-pouvoirs renforçant le travail en commun des différents mouvements et consolidant leur alliance.

3.- *Agir sur les institutions internationales*

Notre objectif doit être de faire reconnaître la supériorité juridique des droits sociaux et des normes environnementales sur le droit du commerce et de doter de pouvoirs effectifs et contraignants les institutions qui en sont en principe chargées, l'OIT, la Cnuced, le Pnue et le Pnud. Remettre en cause la supériorité du droit du commerce sur les autres droits exige donc une réforme en profondeur des institutions internationales, de leur rôle, de leur hiérarchie. D'où la nécessité d'articuler des campagnes, à caractère international, d'interpellation de ces institutions et de pression sur les gouvernements nationaux pour qu'ils reprennent un projet de ce type.

VI.- Un débat à poursuivre

Les développements qui précèdent n'épuisent évidemment pas tous les débats. En particulier, ils ne se prononcent ni sur la question de l'utilisation du commerce mondial comme levier pour imposer les normes sociales et environnementales, ni sur les différentes propositions techniques à mettre en œuvre dans ce cas. Par exemple celle d'une « taxe Lauré» – prélèvement variable sur les importations, à partir d'une combinaison modulable de critères sociaux et environnementaux – dont le montant serait restitué à des organismes nationaux ou régionaux du pays exportateur.

Il convient également, à partir d'indicateurs déjà élaborés ou à élaborer par les institutions internationales appropriées, de réfléchir à des systèmes de «notation» de firmes et de pays, en fonction de leur respect des normes sociales et environnementales, auxquelles on pourrait d'ailleurs ajouter le respect des droits humains. Ce système d'agences de notation existe déjà pour évaluer la qualité ou le degré de risque de la «signature» des entreprises et des pays s'adressant aux marchés financiers. Les « notes» ainsi décernées constitueraient des arguments importants dans les mobilisations évoquées plus haut.

De même, la question des «codes de bonne conduite» des FTN impose clarification et discussion.

Enfin, en refusant de céder au terrorisme intellectuel libéral, il convient de «revisiter» le terme de « protectionnisme» pour éviter de l'invoquer à tort et à travers, et pour faire le départ entre les protections parfaitement légitimes et nécessaires, tant au Sud qu'au Nord, et les pratiques commerciales que l'on peut qualifier de «déloyales».

Le débat sur ces points, sur ceux qui précèdent et sur d'autres qui ne sont pas abordés ici, ne fait que commencer. Il doit non seulement se mener au sein d'Attac, mais aussi avec tous nos partenaires.

Paris, le 27 mai 2000

Crise de la dette et plans d'ajustement

La crise de l'endettement public, tant des pays du tiers-monde et de l'Est que des pays industrialisés, à partir des années 1980, a été utilisée pour imposer systématiquement des politiques d'austérité au nom de l'«ajustement ».

Accusant leurs prédécesseurs d'avoir vécu au-dessus de leurs moyens en recourant trop facilement à l'emprunt, la plupart des gouvernements en fonction dans les années 1980 ont progressivement imposé aux dépenses publiques, sociales en particulier, un ajustement. Un peu comme s'il s'agissait d'ajuster la ceinture en la resserrant de deux ou trois crans.

En ce qui concerne les pays du tiers-monde et de l'Est, le formidable accroissement de la dette publique commença à la fin des années 1960 et déboucha sur une crise de remboursement à partir de 1982. Les responsables essentiels de cet endettement se trouvent dans les pays les plus industrialisés : ce sont les banques privées, la Banque mondiale et les gouvernements du Nord qui ont littéralement prêté à tour de bras des centaines de milliards d'eurodollars et de pétrodollars.

Pour placer leurs surplus de capitaux et de marchandises, ces différents acteurs du Nord ont prêté à des taux d'intérêt très bas. La dette publique des pays du tiers-monde et de l'Est a ainsi été multipliée par douze entre 1968 et 1980. Dans les pays les plus industrialisés, l'endettement public augmenta également fortement pendant les années 1970 car les gouvernements tentèrent de répondre à la fin des Trente Glorieuses par des politiques keynésiennes de relance de la machine économique.

Un tournant historique s'amorce en 1979, 1980, 1981, avec l'arrivée au pouvoir de Margaret Thatcher et de Ronald Reagan qui appliquent à grande échelle les politiques rêvées par les néolibéraux, notamment en augmentant de manière extrêmement forte les taux d'intérêt. Cette augmentation obligea les pouvoirs publics endettés à transférer aux institutions financières privées des montants colossaux. À partir de ce moment, à l'échelle planétaire, le remboursement de la dette publique constitua un formidable mécanisme de pompage d'une partie des richesses créées par les travailleurs salariés et les petits producteurs, au profit du capital financier.

Les politiques dictées par les néolibéraux constituent précisément une offensive frontale du capital contre le travail. Pour équilibrer leurs comptes, les pouvoirs publics endettés ont accepté de réduire les dépenses sociales et d'investissement et de recourir à de nouveaux emprunts afin de pouvoir faire face à la montée des taux d'intérêt : c'est le fameux effet « boule de neige », tel qu'il a été vécu aux quatre coins de la planète durant les années 1980 : augmentation mécanique de la dette, causée par l'effet combiné des taux d'intérêt élevés et des nouveaux emprunts nécessaires au remboursement des emprunts antérieurs.

Pour rembourser la dette publique, les gouvernements puisent notamment dans les recettes fiscales dont la structure a évolué de manière régressive au cours des années 1980-1990. La part des recettes fiscales provenant des prélèvements sur les revenus du capital diminue, tandis qu'augmente celle provenant des prélèvements sur le travail salarié, d'une part, et sur la consommation de masse *via* la généralisation de la TVA et l'augmentation des assises, d'autre part. Bref, l'État prend aux travailleurs et aux pauvres pour donner aux riches. C'est exactement l'inverse d'une politique redistributive qui devrait être la préoccupation principale des pouvoirs publics.

Des enjeux stratégiques

Les politiques d'ajustement structurel commencent à être appliquées dans les pays de la périphérie juste après l'éclatement de la crise de la dette en août 1982. Elles constituent, sous une forme nouvelle, la poursuite d'une offensive qui a débuté quelque quinze ans auparavant. De quelle offensive s'agit-il ? Il s'agit de la réponse donnée par les stratèges des gouvernements du Nord et des institutions financières multilatérales à leur service, à commencer par la Banque mondiale, au défi que constitue la perte de contrôle sur une partie croissante de la périphérie. Des années 1940 aux années 1960 se succèdent les indépendances asiatiques et africaines, s'étend le bloc de l'Est européen, triomphent les révolutions chinoise, cubaine et algérienne, se développent des politiques populistes et nationalistes par des régimes capitalistes de la périphérie : du péronisme argentin au parti du Congrès indien de Nehru, en passant par le nationalisme nassérien. Autant de dangers pour la domination des principales puissances capitalistes.

Les prêts massifs octroyés à partir de la seconde moitié des années 1960 à un nombre croissant de pays de la périphérie, à commencer par les alliés stratégiques (le Congo de Mobutu, l'Indonésie de Suharto, le Brésil de la dictature militaire...) et allant jusqu'à des pays comme la Yougoslavie et le Mexique, constituent les lubrifiants d'un puissant mécanisme de reprise de contrôle. Il s'agit de stimuler par des prêts ciblés une meilleure connexion des économies de la périphérie au marché mondial dominé par le centre. Il s'agit également d'assurer l'approvisionnement des économies du centre en matières premières et en combustible. En mettant les pays de la périphérie progressivement en concurrence les uns par rapport aux autres, et en les incitant à renforcer leur modèle exportateur, il s'agissait de faire baisser les prix de leurs produits exportés afin de faire baisser le coût de production au Nord (et d'y augmenter le taux de profit). Il s'agissait enfin, dans un contexte de montée des luttes d'émancipation des peuples et de guerre froide avec le bloc de l'Est, de renforcer la zone d'influence des principaux pays capitalistes.

Si l'on ne peut pas affirmer qu'il y a eu complot des banques privées, de la Banque mondiale et des gouvernements du Nord, il n'en reste pas moins que leur politique en matière de prêts à la périphérie, n'était pas dépourvue d'ambitions stratégiques.

La crise qui éclate en 1982 est le résultat de l'effet combiné de la baisse des prix des produits exportés par les pays de la périphérie vers le marché mondial et de l'explosion des taux d'intérêt. Du jour au lendemain, il faut rembourser davantage avec des revenus en diminution. De là l'étranglement. Les pays endettés annoncent qu'ils sont confrontés à des difficultés de paiement. Les banques privées du centre refusent immédiatement d'accorder de nouveaux prêts et exigent qu'on leur rembourse les anciens. Le FMI et les principaux pays capitalistes industrialisés avancent de nouveaux prêts pour permettre aux banques privées de récupérer leur mise et pour empêcher une succession de faillites bancaires.

Depuis cette époque, le FMI, appuyé par la Banque mondiale, impose les plans d'ajustement structurel. Un pays endetté qui les refuse se voit menacé de l'arrêt des prêts du FMI et des gouvernements du Nord. On peut affirmer sans risque qu'ont eu raison ceux qui ont proposé à partir de 1982 aux pays de la périphérie d'arrêter le remboursement de leurs dettes et de constituer un front des pays débiteurs. S'ils avaient constitué ce front, ils auraient été en mesure de dicter leurs conditions à des créanciers aux abois.

En choisissant la voie du remboursement, sous les Fourches Caudines du FMI, ils ont transféré vers le capital financier du Nord l'équivalent de plusieurs plans Marshall. Les politiques d'ajustement ont impliqué l'abandon progressif d'éléments clés de la souveraineté nationale, ce qui a débouché sur une dépendance accrue des pays concernés par rapport aux pays les plus industrialisés et à leurs multinationales. Aucun des pays appliquant l'ajustement structurel n'a pu soutenir de manière durable un taux de croissance élevé. Partout, les inégalités sociales ont augmenté : aucun pays « ajusté » ne fait exception.

En quoi consiste l'ajustement ?

L'ajustement structurel comprend deux grands types de mesures. Les premières à être appliquées sont des mesures de choc (généralement, dévaluation de la monnaie et hausse des taux d'intérêt). Les secondes sont des réformes structurelles (privatisations, réforme fiscale...).

La dévaluation imposée par le FMI a atteint régulièrement des taux de 40 à 50 %. Elle vise à rendre plus compétitives les exportations du pays concerné de manière à augmenter les rentrées de devises nécessaires au remboursement de la dette. Autre avantage non négligeable, si l'on se place du point de vue des intérêts du FMI et des pays les plus industrialisés : une baisse du prix des produits exportés par le Sud.

Effets négatifs : une explosion du prix des produits importés, ce qui ne peut que déprimer la production intérieure parce que le coût de production augmente, tant dans l'agriculture que dans l'industrie et l'artisanat (ils incorporent de nombreux intrants importés, résultat de l'abandon des politiques « autocentrées ») alors que le pouvoir d'achat des consommateurs stagne (le FMI interdit toute indexation des salaires). La dévaluation entraîne une augmentation de l'inégalité dans la répartition des revenus car les capitalistes disposant de liquidités ont pris soin, avant la dévaluation, d'acheter des devises étrangères. Dans le cas d'une dévaluation de 50 %, la valeur de leurs liquidités double.

Par ailleurs, une politique de taux d'intérêt élevés ne fait qu'accroître la récession intérieure – le paysan ou l'artisan qui doit emprunter pour acheter les intrants nécessaires à sa production, hésite à le faire ou réduit sa production par manque de moyens – tout en permettant au capital rentier de prospérer. Le FMI justifie ces taux d'intérêt élevés en affirmant qu'ils attireront les capitaux étrangers dont le pays a besoin. En pratique, ces capitaux sont volatils, et prennent la direction d'autres cieux au moindre problème ou quand une meilleure perspective de profit apparaît.

Autres mesures d'ajustement spécifiques aux pays de la périphérie : la suppression des subventions à certains biens et services de base et la contre-réforme agraire. Dans la plupart des pays du tiers-monde, la nourriture de base (pain, tortilla, riz…) est subventionnée de manière à empêcher de fortes hausses de prix. C'est souvent le cas également pour le transport collectif, l'électricité et l'eau. Le FMI et la Banque mondiale exigent systématiquement la suppression de telles subventions. Ce qui entraîne un appauvrissement des plus pauvres et parfois des émeutes de la faim.

En matière de propriété de la terre, le FMI et la Banque mondiale ont lancé une offensive de longue haleine qui vise à faire disparaître toute forme de propriété communautaire. C'est ainsi qu'ils ont obtenu la modification de l'article de la Constitution mexicaine protégeant les biens communaux (appelés *ejidos*).

Au Nord comme au Sud

Réduction du rôle du secteur public dans l'économie, diminution des dépenses sociales, privatisations, réforme fiscale favorable au capital, déréglementation du marché du travail, abandon d'aspects essentiels de la souveraineté des États, suppression des contrôles de change, stimulation de l'épargne-pension par capitalisation, déréglementation des échanges commerciaux, encouragement des opérations boursières : toutes ces mesures sont appliquées dans le monde entier à des doses variant selon les rapports de force sociaux. Ce qui frappe, c'est que, du Mali au Royaume-Uni, du Canada au Brésil, de la France à la Thaïlande, des États-Unis à la Russie, on constate une profonde similitude et une complémentarité entre les politiques appelées d'« ajustement structurel » à la périphérie et celles baptisées au centre d'« assainissement », d'« austérité », ou de « convergence ». Partout, la crise de la dette publique a servi de prétexte au lancement de ces politiques. Partout, son remboursement représente un engrenage infernal de transfert des richesses au profit des détenteurs de capitaux.

Contribution d'Éric Toussaint,
membre du Conseil scientifique

Un cas d'école : l'Argentine

Le peuple argentin subit dans sa chair les politiques aussi incompétentes que criminelles menées depuis de longues années par la dictature militaire et les trois présidents civils successifs sous la tutelle du Fonds monétaire international (FMI).

La situation catastrophique dans laquelle se trouve plongée l'Argentine n'est pas, hélas, une surprise : elle était depuis longtemps prévue car la dette publique de ce pays – dont la majeure partie n'a pas été contractée pour servir le peuple argentin – est de toute évidence impossible à rembourser : entre 1976 – début de la dictature militaire – et 2001, elle s'est trouvée multipliée par 16, passant de 8 à 132 milliards de dollars ! Dans le même temps, la fuite des capitaux, en particulier de l'argent sale de la corruption massive pratiquée par les militaires responsables de l'assassinat de de 30 000 personnes, les milieux dirigeants – au premier rang desquels l'ex-président Menem et son entourage mafieux – et la grande bourgeoisie liée aux multinationales et à la finance internationale, atteint 120 milliards de dollars.

Pendant la même période de vingt-cinq ans – 1976-2001 – l'Argentine, ainsi mise en coupe réglée par les prédateurs qui la dirigeaient, s'est vu imposer tous les sacrifices pour rembourser 200 milliards de dollars, soit 25 fois ce qu'elle devait en 1976. Elle ne s'est pas pour autant libérée de son endettement, celui-ci n'ayant cessé de croître puisque le pays devait emprunter pour payer les intérêts ! Nous sommes en présence d'un cas d'école du mécanisme pervers, à l'œuvre dans de nombreux pays, de transfert des richesses du Sud vers les créanciers du Nord.

Les gouvernements argentins ont suivi à la lettre, et depuis longtemps, les exigences du « consensus de Washington » et ont appliqué toutes les mesures d'ajustement structurel dictées par le FMI : bradage des entreprises nationales ; laminage des services publics ; ouverture commerciale totale, responsable de la ruine de milliers de petites et moyennes entreprises, etc. Résultat : un chômage qui atteint 30 %, un tiers de la population (13 millions de personnes) vivant au-dessous du seuil de pauvreté.

Ce bilan catastrophique est un acte d'accusation des logiques de la mondialisation libérale appliquées à un pays autrefois parmi les plus riches du monde. Mais, à l'heure des comptes, le FMI se défile et proteste même de son « innocence » alors qu'il avait activement soutenu la dictature militaire et, jusqu'à ces derniers temps, citait même l'Argentine comme un de ses meilleurs élèves ! En particulier, il ne tarissait pas d'éloges sur la parité fixe entre le peso et le dollar – qui s'est révélée désastreuse pour l'économie du pays – imposée par le ministre commun aux présidents Menem et De La Rua : Domingo Cavallo, déjà président de la Banque centrale sous les militaires et sacré « héros de l'économie libérale » par le *New York Times* en mars 2001.

Attac France se déclare totalement solidaire d'Attac Argentine et de toutes les forces sociales de ce pays engagées dans la lutte contre une mondialisation libérale qui l'a saigné à blanc.

Paris, le 24 décembre 2001

Licenciements
de convenance boursière : les règles du jeu du nouveau capitalisme actionnarial

L'affaire Danone, c'est-à-dire la fermeture d'un site de production non pas parce qu'il perdait de l'argent, mais parce qu'il n'en gagnait pas assez, montre que le capitalisme prend une forme nouvelle dans le contexte de la globalisation financière : c'est le «capitalisme actionnarial», dont le cœur est l'accumulation de richesses financières par les entreprises et leurs actionnaires. Il a pour caractéristiques principales : le rôle primordial des marchés financiers, et plus particulièrement des marchés d'actions ; la prépondérance du pouvoir actionnarial induisant de nouvelles formes de «gouvernement d'entreprise» ; l'application de nouvelles stratégies tournées vers la «création de valeur actionnariale», dont les licenciements de convenance boursière sont une conséquence directe.

La montée en puissance des marchés financiers

L'un des faits marquants de la fin du XX ^{e} siècle a été la montée en puissance de la finance dans l'économie mondiale : c'est le processus de globalisation financière, résultat d'un choix politique imposé par les gouvernements des pays membres du G7. Ces derniers ont décidé de «déréglementer» totalement la finance, entraînant une liberté totale de circulation des capitaux à travers la planète.

En France, la libéralisation des marchés – impulsée par les gouvernements successifs depuis les années 1980 – a transformé les stratégies des entreprises. La part de leur financement par émissions de titres sur les marchés (actions, obligations et billets de trésorerie) tend à devenir plus importante que celle provenant du recours aux banques. La faiblesse relative de leur effort d'investissement, conjuguée à l'accumulation d'une épargne abondante, leur a permis de dégager des disponibilités importantes utilisées à trois fins : le remboursement de la dette bancaire, les placements financiers et le rachat de leurs propres actions destiné à faire monter le cours de ces dernières en Bourse.

La part des emplois financiers des entreprises a ainsi fortement augmenté par rapport aux emplois directement productifs : c'est là un aspect de la «financiarisation» de la gestion des firmes, caractéristique du nouveau capitalisme actionnarial.

Le marché d'actions – la Bourse – s'est considérablement développé. Il s'agit surtout d'un marché des titres de propriété à caractère spéculatif, destiné à permettre la réalisation de plus-values. Ce n'est pas un marché de financement, car il n'apporte pas de ressources nouvelles aux entreprises, bien au contraire : ces dernières années, en Europe, les émissions nettes d'actions (émissions nouvelles corrigées des rachats d'actions et des dividendes versés aux actionnaires) ont été négatives.

Le rôle dominant des actionnaires et des «zin-zins»

Une des conséquences majeures du rôle prépondérant pris par les marchés financiers dans le financement des entreprises a été la modification des relations entre les trois principaux partenaires de ces dernières : actionnaires, dirigeants, salariés, au profit exclusif des premiers. Un nouveau rapport de forces s'est créé, très largement en faveur du capital, et au détriment du travail.

Dans le cadre du compromis «fordiste», qui a fonctionné jusqu'aux années 1970, les dirigeants avaient conclu des accords avec les salariés, organisant un partage des gains de productivité au sein de l'entreprise, ce qui avait permis de préserver la stabilité du partage de la valeur ajoutée. L'avènement du capitalisme actionnarial consacre la fin de ce régime. Le modèle traditionnel, qualifié de *stakeholder*, et qui considère l'entreprise comme une communauté d'intérêts entre ses trois partenaires, a cédé la place à un nouveau modèle, appelé *shareholder*, donnant la primauté absolue aux intérêts des actionnaires détenteurs du capital-actions, c'est-à-dire des fonds propres des entreprises.

Un autre phénomène est venu renforcer considérablement le pouvoir des actionnaires : le développement de la gestion collective de l'épargne, c'est-à-dire la gestion, par des investisseurs institutionnels, des actifs financiers détenus par les particuliers (comme épargne de précaution ou pour financer leurs retraites). D'où, dans la plupart des pays industrialisés, la concentration croissante du capital des entreprises entre les mains d'un petit nombre d'investisseurs institutionnels : les «zin-zins». Ces investisseurs sont de trois types : les fonds de pension anglo-saxons, dont le poids est prépondérant ; les fonds mutuels (OPCVM en France) ; et les compagnies d'assurance.

À titre d'illustration, la part des actions détenues par les investisseurs institutionnels aux États-Unis est passée de 5 % en 1946 à plus de 50 % en 1996. En France, cette proportion dépasse également les 50 % à la fin des années 1990.

En Europe, au cours de la décennie écoulée, on a assisté à l'arrivée en force des investisseurs étrangers, attirés par la libéralisation financière, l'extension des privatisations, la mise en place du marché unique des capitaux et la création de l'euro : ils détiennent, en moyenne, entre

20 % et 40 % du capital des sociétés cotées. La majeure partie de ces participations financières étrangères proviennent des investisseurs anglo-saxons, et en particulier des fonds de pension américains.

La France est l'un des pays où la progression des investisseurs étrangers a été la plus rapide. Ils ont profité des privatisations massives engagées depuis 1986 pour s'approprier une part souvent élevée du capital des entreprises dans les secteurs de la banque et de l'industrie. En 1999, ils détenaient 36 % des actions des sociétés cotées, et ont réalisé 80 % des transactions à la Bourse de Paris, selon les statistiques de la Banque de France. Le décalage entre ces deux pourcentages montre le caractère essentiellement spéculatif de leurs investissements.

Les préceptes du « gouvernement d'entreprise »

Les investisseurs institutionnels, qui gèrent le capital financier au nom des actionnaires, cherchent à imposer des règles de gestion, dites « gouvernement d'entreprise », dans cinq principaux domaines :

1. Information des actionnaires : qualité de l'information sur la structure dirigeante de l'entreprise, ce qui implique notamment l'indépendance des administrateurs ; existence d'un responsable des « relations investisseurs » ; et mise en place d'un système comptable adapté aux normes anglo-saxonnes.

2. Droits et obligations des actionnaires : respect du principe « une action, une voix, un dividende » ; protection des actionnaires minoritaires (ce qui est fréquemment le cas des fonds d'investissement étrangers).

3. Composition du conseil d'administration : procédures transparentes d'élection et de rémunération des membres du conseil et des comités ; nomination d'administrateurs indépendants ; séparation des fonctions de président et de directeur général.

4. Absence de mesures anti-OPA : élimination de toutes les mesures destinées à empêcher les offres d'achat hostiles *(poison pill)* et à verrouiller les organes de direction. Il s'agit de mettre les entreprises cotées sous la pression permanente des marchés.

5. Rémunération des dirigeants : l'objectif recherché est de définir des formes de rémunération de nature à inciter les dirigeants à maximiser la valeur actionnariale. L'une des principales techniques utilisées est celle des options sur titres *(stock options)*. Elle donne aux cadres dirigeants un droit d'acquisition des actions de l'entreprise à des conditions très favorables. Ils sont ainsi matériellement incités à faire monter la valeur des actions à n'importe quel prix, en particulier au détriment des salariés.

Avec les rapports Vienot, le patronat français a manifesté sa volonté d'aller vers un modèle de « gouvernance » en accord avec ces principes, en proposant des administrateurs indépendants, la séparation des fonctions de président et de directeur général, et l'adoption de normes comptables proches de celles des pays anglo-saxons.

Le rôle des pouvoirs publics français, quelle que soit leur couleur politique, a été déterminant dans cette évolution entamée au milieu des années 1980. Ils ont procédé à une libéralisation financière radicale, à une «modernisation» profonde du secteur financier, et à la privatisation de la quasi-totalité des établissements bancaires et financiers. La récente loi sur les nouvelles régulations économiques contient des dispositions allant dans le sens des préceptes de «gouvernement d'entreprise» voulus par les investisseurs étrangers.

136

Vers la « création de valeur actionnariale »

L'objectif prioritaire des entreprises cotées en Bourse est de « créer de la valeur actionnariale » (*shareholder value*), c'est-à-dire de faire monter le cours de leurs actions pour générer des plus-values, et augmenter ainsi la richesse de leurs actionnaires. À cette fin, les managers mettent en œuvre des politiques qui peuvent être classées en quatre catégories principales :

1. Les fusions-acquisitions

Ces fusions-acquisitions sont souvent présentées comme un moyen de créer de la valeur actionnariale en exploitant des synergies entre établissements fusionnés, et en réalisant des économies d'échelle. Les rapprochements entraînent des gains de productivité, dont l'une des conséquences directes est la réduction des effectifs salariés.

2. La réduction de l'intensité capitalistique

L'un des moyens les plus radicaux d'accroître la rentabilité des capitaux propres est de réduire leur taille. C'est la stratégie dite du *downsizing*, qui peut être pratiquée de différentes manières, la plus spectaculaire étant le rachat par l'entreprise de ses propres actions, dans le cadre de la procédure d'offre publique de rachat d'actions. En rachetant une partie de ses actions, pour un niveau donné de profits anticipés dans le futur, l'entreprise accroît mécaniquement la valeur des actions restantes.

3. Le recentrage sur les métiers de base

C'est là un deuxième moyen d'augmenter la création de valeur au profit de l'actionnaire. En se recentrant sur les activités pour lesquelles elle détient un avantage compétitif, l'entreprise est censée se donner les moyens de valoriser son savoir-faire par rapport à ses concurrents, ce qui devrait se traduire par une augmentation de sa renta-

bilité. Cette stratégie s'oppose aux politiques de diversification industrielle dont l'objectif est de mutualiser les
risques : les investisseurs considèrent que c'est à eux, et
non aux managers, de diversifier les risques.

4. *Le reengineering des chaînes de valeur*

Le *reengineering* constitue un troisième levier pour
concentrer l'activité de l'entreprise sur les segments les
plus rentables. La principale méthode consiste à «exter-
naliser» la production de certains produits ou services vers
d'autres entreprises plus performantes sur les créneaux en
question. Cette politique aboutit à « faire sortir» les salariés du périmètre de l'entreprise pour en confier la gestion à des sous-traitants extérieurs, ce qui entraîne
généralement une précarisation des conditions de travail.
Cette politique met également les PME sous-traitantes à
la merci des grandes firmes. Par ce mécanisme, un grand
nombre d'entreprises, allant bien au-delà de celles cotées
en Bourse, sont directement affectées par la logique du
nouveau capitalisme.

Les licenciements de convenance boursière

Ces différentes stratégies destinées à augmenter la
valeur boursière des entreprises ont un point commun :
elles se traduisent par des réductions d'effectifs. Les licenciements chez Danone ou chez Marks & Spencer s'inscrivent totalement dans cette logique. La valeur d'une action
dépendant des profits futurs, il s'agit donc de prendre
aujourd'hui les mesures qui permettront d'augmenter
demain la rentabilité de l'entreprise. Ce qui compte, en
effet, pour les investisseurs, ce n'est pas le niveau actuel,
mais le niveau futur de la rentabilité.

L'un des moyens d'y parvenir est de restructurer en
permanence les groupes industriels en se désengageant

des activités dont la rentabilité est inférieure aux normes internationales (*benchmarking*) imposées par les investisseurs. Ainsi est «justifiée» officiellement la fermeture des usines LU dont la marge, estimée à 7.9 %, est effectivement très au-dessous de celle de 15 % fixée pour le rendement des actions : le fameux ROE (*return on equity*).

Une formidable régression économique et sociale

En France, la rémunération du capital ponctionne une part croissante de la richesse produite par les entreprises. Depuis 1983, année de l'instauration de la rigueur salariale (plan Delors), la part de la valeur ajoutée allant aux entreprises s'est accrue de manière spectaculaire. Ainsi, d'après l'Insee, leur taux de marge (excédent brut d'exploitation rapporté à la valeur ajoutée) passe de 24 % en 1980 à 32.2 % en 1999.

Contrepartie de cette évolution : la forte dégradation de la situation des salariés dans le partage salaires-profits. Dans l'Europe des Quinze, selon l'Office européen des statistiques, on a constaté un déplacement de 7 points de la part des salaires dans le produit intérieur brut (PIB) : elle serait passée d'une moyenne de 75.3 % en 1971-1980 à 68.3 % en 2000. C'est en France que la régression a été la plus forte : la part des salaires dans le PIB a chuté de 76.6 % en 1971 – 80 à 68 % en 2000, soit une baisse de près de 8 points.

Cette baisse des revenus du travail a deux causes : la rigueur salariale et le chômage de masse qui proviennent non seulement des stratégies des entreprises, mais aussi des politiques salariale et monétaire appliquées depuis les années 1980 par les gouvernements successifs, qu'ils se réclament de la gauche ou de la droite.

Le nouveau capitalisme actionnarial constitue non seulement une formidable régression sociale, mais aussi une triple aberration économique. En premier lieu, ce sont les salariés qui assument seuls les risques, dans la mesure où le travail est devenu la variable d'ajustement dans les entreprises. Or, même dans la démarche libérale classique, c'est aux actionnaires que revient ce rôle. Ensuite, le taux de rendement du capital (ROE) de 15 % exigé par les investisseurs est intenable à terme : s'il est maintenu, alors que la croissance du PIB n'est que de 3 % en moyenne, c'est l'ensemble de la richesse nationale qui finirait par aller vers les détenteurs de capitaux ! Enfin, la demande des ménages constituant, et de loin, le principal débouché de la production, peser en permanence sur la masse salariale et réduire celle-ci en cas de difficulté est le meilleur moyen de ralentir la croissance et de dégrader, à long terme, la santé des entreprises et de l'économie.

C'est contre ces logiques et pratiques du capitalisme actionnarial, caractéristiques de la mondialisation libérale – et dont l'opinion commence partout à mesurer les ravages – qu'Attac entend lutter par l'information et par l'action. Face aux licenciements de convenance boursière, Attac considère que des mesures élémentaires peuvent être prises immédiatement :

– rendre illicites les licenciements de convenance boursière ;

– définir les critères permettant de caractériser les « difficultés économiques » ;

– attribuer aux Comités d'entreprise un droit suspensif des licenciements ;

– frapper de nullité toute décision ne respectant pas la législation ;

– étendre le champ des garanties offertes par les « plans sociaux » ;

– renforcer l'exigence de recherche de reclassement ;

– supprimer les aides publiques aux entreprises prospères qui licencient, et exiger le remboursement des aides déjà perçues.

Paris, le 2 mai 2001

Contrer l'offensive libérale sur l'école

L'offensive libérale contre l'école n'est pas un mythe. Pour l'Organisation de coopération et de développement économiques (OCDE), «éminence grise» des gouvernements, « l'éducation est une partie intégrante de la globalisation, comme elle est en même temps affectée par son impact… »[1]. Il serait d'ailleurs surprenant qu'un domaine où se concentre une si grande part des dépenses de l'État puisse rester à l'abri d'une poussée libérale déterminée à réduire au strict minimum l'intervention publique.

Pourtant, l'extrême singularité du système éducatif français – fondé sur l'école laïque et publique – semble brouiller l'impact que la mondialisation libérale a sur lui. Inutile, cependant, d'attendre l'arrivée de la dernière mallette pédagogique portant les logos de Cola-Cola ou de la Société générale – pratique déjà courante – pour prendre la mesure des dégâts. Écoles de riches et écoles de pauvres, facs choyées et facs déclassées, échec scolaire et perte des repères culturels, défiance et parfois même violence, concurrence entre universités et consumérisme scolaire au collège et au lycée : les déboires du système éducatif relèvent largement d'une politique gouvernementale d'inspiration libérale, saupoudrée de timides mesures sociales, et agrémentée de vaines incantations républicaines.

Les promesses de démocratisation du système scolaire n'ont engendré qu'une massification, certes salutaire, mais le plus souvent inégalitaire. Sans exonérer le système éducatif français d'une nécessaire interrogation quant à son aptitude à réaliser les promesses démocratiques sur lesquelles il fonde son projet, force est de constater que les conditions qui lui sont faites par l'évolution libérale l'entravent. On accuse alors les enseignants et les parents de «démissionner»; on met en cause l'inadaptation des formations au marché du travail; on raille les faibles « performances » de l'université et on lui reproche ses taux d'échec (effectivement scandaleux). On critique encore la difficulté de l'école à juguler l'explosion de violence sociale qui touche une partie de la jeunesse.

C'est un très mauvais procès que de faire porter à l'école seule la responsabilité de la désagrégation sociale : elle la subit plutôt qu'elle ne la nourrit. Elle ne souffre pas tant de dysfonctionnements de gestion – susceptibles d'être corrigés par la stratégie «managériale» du «zéro défaut» et de l'«autonomie» accrue des établissements – que de la marchandisation croissante des rapports humains et de la formation. L'éducation est d'abord malade du libéralisme qui la cerne et s'y infiltre. Elle n'est pas victime d'un excès, mais au contraire d'une insuffisance de démocratisation réelle de l'accès aux savoirs, ainsi que du poids croissant des inégalités sociales sur sa mission, ses valeurs et son fonctionnement quotidien.

La logique libérale, celle du «moins d'école», menace la possibilité de réalisation d'une «école pour tous». Outre son offensive quotidienne, déjà pleinement opérante, elle s'oriente autour de trois pôles : l'adaptation aux besoins des entreprises ; la mise en concurrence généralisée de l'éducation (avec l'imposition d'un mode de gestion « managérial ») ; le pari de l'« *e-learning* » (enseignement par l'intermédiaire de l'Internet).

Les projets se multiplient, avec la volonté affirmée de soumettre l'éducation aux critères marchands. Dans un rapport de la Commission européenne de 1995, *Vers la société cognitive* [2], on découvre que « la question centrale » est d'aboutir à « une plus grande flexibilité » du système éducatif. On apprend également que, « faites pour éduquer et former le citoyen ou le salarié destiné à un emploi permanent », les institutions éducatives sont « encore trop rigides ».

Un autre rapport commandé par la Commission [3] indique, de son côté, que « les systèmes d'éducation ne sont pas assez conscients des contraintes de compétitivité ». C'est pourquoi, selon la prose euphémique des « éducateurs » libéraux, il convient « d'organiser la pédagogie et les accréditations de façon que l'acquisition de savoirs et l'acquisition de comportements aillent de pair ». Les « comportements » en question sont, bien entendu, ceux de l'« employabilité » et de la « flexibilité ». Dans un autre document de 1998, la Table ronde des industriels européens (ERT) dont font partie les PDG de 44 très grandes entreprises de 16 pays européens, réitère son appel « pour qu'une plus grande importance soit donnée à l'esprit d'entreprise dans les écoles et les collèges ».

La privatisation du système éducatif paraît *a priori* la plus adaptée à ce programme de soumission de l'éducation aux impératifs de l'économie. Comme le soutient la Banque mondiale, « bien que l'État conserve encore un rôle central pour assurer les services de base – éducation, santé, infrastructures – il n'est pas évident qu'il doive en être le seul fournisseur, voire un de ces fournisseurs»[4]. Un danger qui plane d'ailleurs sur les négociations actuelles de l'Accord général sur le commerce des services (AGCS) menées à l'Organisation mondiale du commerce (OMC)[5].

Le versant libéral de «la formation tout au long de la vie» a déjà suscité la création d'universités d'entreprise, qui, de Motorola à Reebok pour les États-Unis, d'Axa à Bouygues pour la France (qui en dispose d'une quarantaine) vise à réduire l'universalité de l'Université aux intérêts particuliers des puissances économiques.

Pour l'instant, c'est surtout à l'intérieur même des secteurs publics que se mène cette offensive. Salivant devant le gâteau de l'éducation et de la fameuse « formation tout au long de la vie», qui, en effet, regorge d'alléchantes parts de marché potentielles, sept organisations patronales européennes, dont le Medef et son équivalent britannique, ont publié en 2000 un document qui résume parfaitement les critiques patronales des systèmes nationaux : «L'émergence de l'économie cognitive signifie que les hommes et les femmes sont devenus la clef de la compétitivité internationale», y est-il indiqué, et «ceci pose des défis nouveaux et fondamentaux pour tous nos systèmes éducatifs nationaux». En guise de réponse, ces organisations insistent sur la structure et le management du système scolaire : «Les écoles doivent s'inspirer de toutes sortes de pratiques performantes et innovantes, y compris de celles du monde de l'entreprise». Se trouve ainsi justifiée la pénétration dans l'école de l'«esprit d'entreprise », notamment par l'intrusion de la publicité pour des marques multinationales.

Selon dix indicateurs de «performance» liés à ce programme, le Royaume-Uni obtient 9 sur 10 (l'introduction récente d'une relation entre le salaire des enseignants et les résultats obtenus permettrait d'avoir 10 sur 10!). La France obtient seulement 2,5 sur 10. Exception ou résistance nationale, donc. Mais l'influence de ces thèmes sur le débat éducatif français ne cesse de croître.

Le credo dominant, c'est la recherche d'une «solution locale» : des structures éducatives pour chaque territoire, chaque «communauté», chargées de mettre en concurrence école et université. D'où l'«autonomie» la plus extrême revendiquée pour les pôles éducatifs. Or, aujourd'hui, l'accélération de la différenciation entre établissements, tout comme au sein des établissements, a déjà atteint la cote d'alerte : «De fait, l'école accentue d'autant plus la ségrégation sociale que l'autonomie des établissements les expose de plus en plus aux pressions du local... L'utilitarisme croissant et les stratégies de positionnement des familles engendrent une course en avant, qui tend à déboucher sur la constitution de ghettos scolaires et entraîne un réel risque d'éclatement du système.» Car l'«autonomie» du «local», en dépit des bonnes intentions, « peut, en l'absence de régulation politique, devenir un vecteur pour de nouvelles différenciations sociales... Une chose est sûre, la concurrence ne remplit pas la fonction de stimulation positive entre établissements qu'elle était censée remplir »[6]. Une autonomie qui ne cesse de menacer l'université également, les présidents étant conviés à se comporter en chefs d'entreprise, et les étudiants en clients.

Gare aux amalgames, cependant. Comme le récent Forum mondial de l'éducation de Porto Alegre (24-27 octobre 2001) l'a montré, des expériences locales solidaires et inventives peuvent réussir à endiguer la misère scolaire et l'inégalité face aux savoirs. « Le local n'est pas le libéral », insistent nombre de praticiens de l'éducation. De même que l'autonomie demeure la pierre angulaire de l'éducation et de l'émancipation, telles qu'elles furent conçues notamment au siècle des Lumières. Mais l'« autonomie » et le «local», tels que préconisés par l'idéologie libérale, signifient le retrait de l'intervention civique et publique au profit des intérêts privés les plus cyniques.

La doctrine libérale classique, en matière d'éducation, consiste à traiter les savoirs comme des marchandises, vendues à la demande. La possibilité que donne la Toile de traverser les frontières et les institutions fournit un atout fantastique à ce projet. Si bien qu'un des aspects majeurs de la marchandisation de l'enseignement est lié à la prolifération des nouvelles technologies de l'information et de la communication (NTIC). La Conférence de Vancouver (mai 2000), premier marché international de l'éducation (*World Education Market*), a été consacrée à l'aspect directement marchand des NTIC éducatives (*e-learning*). Un marché d'importance, puisqu'on le prévoit, en 2002, à hauteur de 90 milliards de dollars. Et la France n'est pas en reste, tentant de suivre cette locomotive lancée à toute vitesse grâce à la création de l'agence Edufrance par Claude Allègre qui, disait-il lorsqu'il était ministre de l'éducation nationale, doit «coordonner l'offre française d'ingénierie éducative».

C'est que le *e-learning* génère du profit, non seulement lors de l'achat, mais aussi tout au long de la formation, c'est-à-dire, répète-t-on à l'envi, «tout au long de la vie », à cause du besoin continuel de maintenance et de mise à jour de l'équipement et des logiciels. Tout indique que, dans le futur, et à mesure que se réduiront les financements publics, les écoles et les universités deviendront de plus en plus dépendantes des compagnies privées. Les projets de « campus numériques» et autres «universités virtuelles » recèlent ce type de menaces. Tout comme les projets de recherche et la stratégie de groupes tels qu'Havas ou Vivendi-Universal, qui rêvent tout au haut aux « bienfaits pédagogiques », mais surtout aux profits astronomiques escomptés de la création des « classes virtuelles » et de la généralisation du soutien scolaire et de l'aide universitaire en ligne. Car la perspective la plus stimulante pour l'économie des NTIC est de transformer l'enseignement et l'apprentissage en marchandises. Un comble : c'est le Centre pour la recherche et l'innovation dans l'enseignement de l'OCDE lui même qui, en avril 2001, a dû mettre en garde les ministres de l'éducation de l'Organisation contre les risques de « démantèlement des systèmes scolaires » porté par un tel déploiement du *e-learning* !

Ce processus touche en priorité les systèmes supérieurs d'éducation où l'on peut malheureusement s'attendre à ce que la pente suivie soit exactement celle des autres secteurs globalisés : explosion de la concurrence, investissements ciblés vers les plus forts, élimination des plus faibles qui seront les nouveaux exclus du «savoir numérique ». Les tentatives de créer un développement universitaire propre pour les pays ou les régions défavorisés seront tuées dans l'œuf. Qui hésiterait entre un diplôme mal calibré, obtenu localement, et un diplôme prestigieux cautionné par Harvard ou la Sorbonne ? Avec, à la clé, une coupure sociale supplémentaire : seules les élites des pays en question pourront se payer les formations correspondantes, alors que, bientôt, les universités locales seront à l'agonie, peut-être purement et simplement fermées. Tout indique qu'une évolution semblable peut avoir lieu au sein même de chaque pays développé.

Dans cette optique, les quelques avantages pédagogiques issus des NTIC seront réduit à néant. C'est ce que reconnaît d'ailleurs sans détours l'OCDE : « On affirme beaucoup de choses au sujet des méthodes pédagogiques et didactiques qui exploitent les technologies de l'information et de la communication à l'École. Or, contre toute attente, on possède bien peu de témoignages solides et d'évaluations concrètes à l'appui des attentes que suscitent ces technologies »[7].

Déjà touchée de plein fouet par la ségrégation sociale et spatiale des populations marginalisées par le nouvel ordre libéral, l'éducation est à présent entrée dans l'ère de la marchandisation. Une raison supplémentaire d'accroître la vigilance, de surveiller et de contrer toutes les tentatives d'entrisme du marché, via la publicité proposée dans l'enceinte des établissements, les mallettes pédagogiques, les jeux financiers, la politique de management conçue sur le modèle de l'entreprise, la concurrence scolaire et le renforcement des inégalités qui signent l'abandon de la mission sociale, civique et intellectuelle de l'éducation.

Il s'agit également de promouvoir le partage des savoirs, en favorisant l'accès à l'instruction et à la formation des plus démunis. De revivifier, aussi, l'esprit du service public qui, loin de l'esprit d'entreprise, et sans renier sa capacité à former les individus à un métier, revendique l'accès de tous à une instruction qui vise d'abord à l'émancipation par la raison, la culture et les connaissances. Il ne s'agit pas de proposer un modèle pédagogique, ni d'exonérer l'école de la République de ses failles et de ses carences. Mais de formuler un impératif : agir pour que l'éducation, ce socle vital des civilisations, ne soit pas soumise à la marchandisation. Agir local et penser global, c'est résister, au sein de chaque école, de chaque collège, de chaque lycée et de chaque université aux méfaits et intrusions de la déferlante libérale. Mais c'est aussi, sur les plans national et mondial, favoriser l'émergence d'une éducation solidaire.

(1) Centre for Educational Research and Innovation (CERI), *Schooling for Tomorrow : Trends and Scenarios*, CERI/OECD, Paris, 2000.

(2) Commission européenne, *Livre blanc sur l'éducation et la formation. Enseigner et apprendre. Vers la société cognitive*, Office des publications officielles des Communautés européennes, Luxembourg, 1995.

(3) *Accomplir l'Europe par l'éducation et la formation*, rapport du groupe de réflexion sur l'éducation et la formation, présidé par Jean-Louis Reiffers, décembre 1996.

(4) Banque Mondiale, 1997 : 27, cité par D. Whitfield, *Public Services or Corporate Welfare*, Pluto Press, Londres, 2001.

(5) À l'Organisation mondiale du commerce (OMC), se négocie l'Accord général sur le commerce des services (AGCS), visant, entre autres, à marchandiser et démanteler les services publics pour laisser le champ libre aux entreprises transnationales. Michel Servoz, collaborateur de Pascal Lamy, commissaire européen chargé, au nom des Quinze, des négociations à l'OMC, considère, pour sa part, que les secteurs de l'éducation, de la santé et de l'environnement sont, enfin, « mûrs pour la libéralisation ».

(6) Duru-Bellat, « Stratégies des familles et stratégies des établissements dans la genèse des inégalités sociales de carrières scolaires », *Administration et Éducation*, n° 81, 1999.

(7) OCDE, *Analyse des politiques d'éducation*, OCDE, Paris, 1998.

La deuxième rencontre de Morsang :
renforcer le réseau des collectivités adhérentes

Les 7 et 8 décembre 2001, la municipalité de Morsang-sur-Orge, l'une des toutes premières collectivités locales adhérentes à Attac, a accueilli le groupe « Territoires et mondialisation » pour une journée et demie de travail intense. Environ 80 participants, élus locaux et communes adhérentes, des villes et des campagnes, ont planché en séances plénières et en ateliers sur les différents thèmes qui les mobilisent : la démocratie participative, l'eau, les économies locales et le développement durable ainsi que sur les marchés publics. À l'issue de cette rencontre, un nouvel Appel de Morsang a été adopté.

Il y a tout juste deux ans, ici même, à Morsang-sur-Orge, le colloque organisé par Attac appelait les acteurs locaux, citoyens et élus, fonctionnaires territoriaux, spécialistes de la politique de la ville, syndicalistes, militants associatifs, à faire converger leurs efforts de résistance à la mondialisation libérale et à ses effets destructeurs sur la vie quotidienne des populations et sur les territoires, à se saisir des enjeux locaux et globaux inextricablement liés, dans l'action pour « se réapproprier ensemble l'avenir de notre monde ».

Depuis, comme la conférence ministérielle de l'OMC à Doha l'a une nouvelle fois montré, la pression des milieux financiers ne s'est pas relâchée, au contraire, pour s'approprier toujours plus de biens, d'espaces ; subordonner toute vie et toute chose à la logique marchande ; mettre les humains au service de celle-ci, alors que l'économie devrait être au service des hommes.

Les forces libérales tentent d'utiliser les tragiques événements du 11 septembre pour étendre leur emprise mondiale et faire refluer la contestation de la globalisation financière, alors que c'est celle-ci qui génère les désordres, injustices, inégalités croissantes et humiliations offrant un terreau propice aux actions liberticides des groupes terroristes. La logique de guerre permanente qui se profile dangereusement n'est porteuse d'aucune solution positive à ces problèmes.

Face à cette contre-offensive, les résistances se sont développées sans fléchir, tant au niveau international (Prague, Nice, Gênes) qu'aux niveaux locaux, dans l'esprit même de l'appel de Morsang. Des milliers de personnes ont pris part aux débats organisés par Attac dans les régions ; de nombreuses villes, suivant l'appel d'Attac, ont participé au boycott de Danone. La bataille pour que l'eau ne soit pas traitée comme une marchandise a gagné de nombreux espaces locaux et se développe avec vigueur ; plusieurs centaines de municipalités ont interdit les cultures des OGM en milieu ouvert sur leur territoire. La campagne électorale des municipales a vu monter les références à la démocratie participative ; première réponse à ces nouvelles exigences, un projet de loi a été déposé, qui, loin d'être à la hauteur des problèmes posés et de l'urgente nécessité de moderniser et d'approfondir la démocratie locale, prétend l'encadrer au point de mettre en danger certaines expériences qui se multiplient de façon très créative. Les idées portées par l'appel de Morsang marquent désormais le débat sur les rapports entre le global et le local.

L'articulation entre les dimensions locales et globales des enjeux contemporains dessine aujourd'hui un très vaste champ d'intervention aux élus et aux collectivités.

Plus que jamais, s'ils savent agir en coopération étroite avec les citoyens, ils peuvent contribuer de manière déterminante à la montée des résistances à l'ordre néolibéral et à l'émergence d'alternatives fondées sur des réponses neuves aux grands besoins collectifs (santé, éducation, culture, environnement, emploi).

C'est vrai :

• Pour la taxe Tobin, dont le vote par l'Assemblée nationale constitue un premier point d'appui pour transformer l'essai aux niveaux européen et mondial ;

• Pour la lutte contre les paradis fiscaux et pour le contrôle des flux financiers et du crédit ; pour une nouvelle définition du rôle des banques ;

• Pour le rejet des projets de l'OMC tendant à la privatisation de tous les services et marchés publics (AGCS, AMP, ADPIC…) ;

• Pour la défense de l'environnement, la non-brevetabilité du vivant et la protection de la biodiversité, pour la reconnaissance de l'eau comme bien commun de l'humanité.

Élus et collectivités qui déjà, pèsent par leurs actions, peuvent devenir à brève échéance une force bien plus considérable encore. Celles et ceux qui adhèrent à Attac ont un rôle d'entraînement à jouer, notamment en faisant vivre partout une démarche tournée vers les plus larges mobilisations citoyennes.

Ces mobilisations sont le plus sûr levier pour desserrer l'étau dans lequel le pouvoir financier et les multinationales veulent enfermer tous les rouages de la société, tous les territoires, toutes les activités, tous les humains, et pour démontrer qu'un autre monde est possible, du village ou du quartier à la planète toute entière.

Appel des élus

Nous, élus et représentants de collectivités territoriales, sommes décidés à prendre toute notre place dans une démarche et des actions visant à :

– reconquérir les espaces perdus par la démocratie ;

– mettre en œuvre de véritables expériences de démocratie participative ;

– multiplier les lieux offerts à l'intervention citoyenne, donnant aux habitants la possibilité de débattre des besoins collectifs, de peser sur les choix, de participer aux décisions, à leur mise en œuvre et à leur évaluation, notamment en matière budgétaire, et ce à tous les niveaux : quartier, commune, communautés d'agglomération ou de communes, pays, bassins d'emploi.

La réponse aux besoins d'emploi, de développement, d'urbanisme, d'aménagement des territoires exige que soient donnés aux services publics les moyens de jouer pleinement leur rôle d'acteurs économiques, en concertation, notamment, avec le secteur coopératif et de l'économie sociale et solidaire.

Dans ce cadre, nous appelons les maires et·élus locaux à signer la pétition que nous lançons pour que :

• les accords du type AGCS ou AMP, qui sont déjà ou qui pourraient être signés ne puissent s'appliquer aux collectivités territoriales et aux marchés publics locaux ;

• nos représentants fassent obstacle à la signature de tout accord national, européen ou international organisant la privatisation de tout ou partie des services publics.

Pour agir efficacement dans ces directions, nous consolidons et rendons plus opérationnel le réseau des villes et élus adhérant à Attac :

– par l'organisation de sessions thématiques d'étude et de formation ouvertes aux élus adhérant à Attac ;

– par la mise en place d'une coordination d'élus qui, au sein du groupe de travail Territoires et Mondialisation, contribuera à consolider le rôle de proposition et d'animation de ce groupe, à en faire un véritable « lieu-ressource » pour la mutualisation de nos initiatives et de nos résistances, à aller vers un véritable observatoire de la démocratie citoyenne ;

– par la publication plus régulière de *Villes d'Attac*, notre bulletin d'information.

– par le développement de notre site Internet « Glocal », pour qu'il devienne une véritable tribune d'échange d'expériences et d'actions.

Morsang-sur-Orge, le 8 décembre 2001

Main basse sur le vivant

Nous refusons les OGM en agriculture et dans l'agroalimentaire : pour ses détracteurs, cela reviendrait à se couper irrémédiablement « des bénéfices et des progrès scientifiques issus du génie génétique ». S'y opposer revient, selon ces mêmes détracteurs, à flirter forcément avec l'obscurantisme, à s'enivrer de peurs ancestrales et, en conséquence, à rejeter la recherche. Conclusions beaucoup trop réductrices et simplistes qui ne font que caricaturer nos positions de refus des organismes génétiquement modifiés (OGM) et du brevetage du vivant.

Si le débat est passionnel et voit s'opposer différents acteurs de la société civile sur la nécessité d'autoriser l'importation ou la mise en culture de tel ou tel OGM, c'est qu'il s'agit d'une véritable question de société qui mérite un cadre de consultation largement plus démocratique et plus transparent.

Les consommateurs européens, dans leur écrasante majorité, refusent les OGM quel qu'en soit le niveau de présence (seuil de tolérance) dans l'alimentation.

Ils s'interrogent sur leur intérêt et sur les risques (en particulier toxicologiques) que peuvent induire ces produits pour leur santé.

Les organisations de défense de l'environnement et des chercheurs du secteur public ont démontré à plusieurs reprises les risques écologiques irréversibles liés à la propagation non maîtrisée de gènes, notamment les atteintes à une biodiversité déjà passablement malmenée.

Les agriculteurs, qui demeurent encore et toujours le premier maillon de la chaîne alimentaire, refusent une technologie qui n'apporte aucun avantage démontré, mais qui les place sous le joug des grandes firmes agro-chimiques et semencières, comme c'est déjà le cas aux États-Unis ou au Canada.

L'objectif de ces puissantes compagnies internationales est d'ordre financier : conquérir et développer les marchés des semences et de l'agro-alimentaire, pour imposer leurs technologies génétiques. Les prétextes de la protection de l'environnement ou de la satisfaction des besoins alimentaires dans le monde ne sont que des leurres grossiers !

L'interdiction des OGM ne suffirait pas, à elle seule, à mettre un terme au développement exponentiel de l'agriculture industrielle. En revanche, leur autorisation condamnerait à court terme l'agriculture paysanne, durable et solidaire.

C'est vers ce type d'agriculture que la Confédération paysanne appelle la recherche publique à orienter ses travaux pour répondre à des demandes sociales bien réelles. Et c'est ce type d'agriculture qui est source de progrès, autant pour les paysans que pour l'ensemble des populations.

Six demandes

1.- Interdire le brevetage du vivant, patrimoine inaliénable et commun de l'humanité

Aucune firme ne peut s'approprier ou pirater les gènes ou séquences de gènes. Il est indispensable d'obtenir :

– l'interdiction des brevets sur le vivant ;

– l'abrogation de la directive européenne n° 98/44 qui autorisera le brevetage sur le vivant ;

– la modification de la directive 27-3 B de l'accord ADPIC (Aspects de la propriété intellectuelle touchant au commerce) de l'OMC, qui permet le brevetage du vivant.

Il faut reconnaître aux paysans le droit de ressemer leurs graines et prendre en considération leur travail et celui des communautés pour sauvegarder la biodiversité.

2.- Une Europe sans OGM

Les contaminations et les risques déjà éprouvés des semences importées, en particulier, en provenance des États-Unis et d'Argentine, ne permettent pas de garantir des semences et des plants sans OGM. Les actuels et futurs pays membres de l'Union européenne doivent se déclarer pour une Europe sans OGM, afin de s'accorder le droit de pouvoir user de semences et de plants non contaminés aux OGM et donner plus de garanties aux consommateurs.

Il faut retirer les variétés transgéniques déjà autorisées à la commercialisation et établir un véritable «plan protéines végétales pour l'Europe», en diversifiant les cultures de plantes riches en protéines, en favorisant les filières non OGM d'approvisionnement.

3.- Arrêt des essais en milieu ouvert

L'application généralisée du principe de précaution et de prévention devant s'imposer comme une exigence première, l'arrêt des expérimentations en plein champ doit être immédiat. Aucune barrière physique, aucune distance d'éloignement ne peuvent arrêter les transports de pollens par le vent, les insectes. Le maintien d'un moratoire sur la commercialisation et la mise en culture des OGM s'impose.

4.- Mise en place de travaux d'évaluations indépendants

Après plus de dix années de développement à grande échelle de cultures transgéniques, notamment aux États-Unis et au Canada, des évaluations rendues systématiquement publiques, doivent être réalisées sur les conséquences environnementales et toxicologiques. Ces études sont indispensables afin d'évaluer les résidus d'OGM tant dans la chaîne alimentaire (en particulier les produits issus d'animaux ayant consommé des OGM végétaux) que sur les essais réalisés aux champs.

5.- Étiquetage et traçabilité obligatoires

Une traçabilité est aujourd'hui devenue impérative, pour que chacun puisse choisir en toute connaissance de cause les produits consommés. En conséquence, l'étiquetage de tous les produits susceptibles de contenir des OGM ou dérivés d'animaux nourris avec des OGM s'avère obligatoire. Il faut également mettre en place une taxation ou tout autre dispositif permettant d'assurer la protection des filières sans OGM et de responsabiliser les auteurs des contaminations (y compris juridiquement).

Afin d'encadrer les échanges commerciaux et d'engager la responsabilité des pays exportateurs de produits

OGM, la France et les pays membres de l'Union européenne se doivent de ratifier le protocole international sur la biosécurité.

6.- Une recherche publique forte, pluridisciplinaire et indépendante

Un équilibre dans les différents secteurs de la recherche s'avère utile, afin de prendre en compte les demandes clairement exprimées par la société, à savoir : des produits de qualité et la préservation des ressources naturelles. Il convient de donner à la recherche publique des moyens financiers lui permettant de garantir son indépendance intellectuelle et de travailler en priorité sur l'agriculture durable. Il faut également la doter d'un système d'expertise réellement indépendante, capable d'évaluer en connaissance de cause les essais et autres expérimentations déjà en place. Enfin, il faut ouvrir à la société civile les comités d'éthique de l'Inra ou de la Commission du génie biomoléculaire, par exemple, qui ne regroupent quasiment que des scientifiques.

Ce document a été publié en juin 2001
par la Confédération paysanne

OGM : où la Justice veut-elle en venir?

Le 20 décembre 2001, les juges de la Cour d'appel de Montpellier rendaient leur verdict dans l'affaire des plants de riz transgénique du Cirad, détruits lors d'une manifestation citoyenne à laquelle, aux côtés de paysans indiens, participaient des militants de la Confédération paysanne. José Bové : 6 mois de prison ferme et 50 000 F d'amende, avec révocation d'un sursis antérieur, ce qui porte la condamnation à 14 mois fermes; René Riesel : 6 mois fermes et 50 000 F d'amende; Dominique Soullier : 6 mois avec sursis et 25 000 F d'amende. Ce verdict fait l'objet d'un pourvoi en cassation.

Le 6 février 2002, la Cour de cassation rejetait le pourvoi déposé par les défenseurs des «Dix de Millau» après leur condamnation par la Cour d'appel de Montpellier à des amendes, et en plus, pour ce qui concerne José Bové, à trois mois de prison ferme. Motif : le démontage du MacDo de Millau en août 1999, en guise de protestation symbolique contre l'obligation faite à l'Union européenne d'acquitter chaque année quelque 130 millions d'euros de pénalités, sous forme de surtaxes douanières affectant une soixantaine de produits (dont le roquefort), pour prix de son refus d'importer du bœuf aux hormones nord-américain. Ces sanctions scandaleuses, décidées par l'OMC, ont coûté 4,7 millions d'euros en deux ans aux producteurs de roquefort.

La sentence frappant José Bové est exécutoire à tout moment.

Enfin, le 8 février 2002, le tribunal de grande instance de Valence, allant mille lieues au-delà du réquisitoire du procureur, condamnait dix militants, notamment de la Confédération et d'Attac, à des peines très lourdes, dont de prison ferme (six mois pour le secrétaire général de la Confédération, Bernard Moser, trois mois pour Christian Brousse, Eric Leblanc et Jean Beaufort) et à des amendes exorbitantes allant de 1 500 à 3 000 euros. Leur crime : avoir participé, avec plus de 200 autres militants, au fauchage de 720 pieds de maïs transgénique dans un champ de la société Biogemma, filiale du semencier Limagrain. Pour faire bon poids, le tribunal condamnait en outre les 10 militants à verser à cette dernière la moitié de 78 156 euros ! Les condamnés ont fait appel.

S'ajoutant aux deux précédents, ce jugement traduit la volonté de criminaliser la lutte contre les OGM. Les tribunaux français ambitionnent-ils de se transformer en garde rapprochée des grandes firmes de l'agrochimie et des diktats de l'OMC, dont la sécurité sanitaire et alimentaire est bien le cadet des soucis ? On ne les avait pas connus aussi diligents lorsqu'il fallait poursuivre les pollueurs ou les fabricants et distributeurs de farines animales empoisonnées.

Un principe constitutionnel est en jeu : rien moins que celui de la liberté syndicale. La lourdeur des peines et le montant des amendes infligées visent en effet de toute évidence à « casser » la Confédération paysanne en terrorisant ses militants et en la saignant à blanc. Cette escalade répressive s'inscrit dans un contexte plus vaste, et extrêmement préoccupant, de stigmatisation de l'action syndicale et sociale.

Attac se déclare totalement solidaire des militants ainsi pris en otage par une justice de caractère ouvertement politique, ainsi que de la Confédération paysanne, membre fondateur de l'association.

Paris, 11 février 2001

POUR EN SAVOIR PLUS

Au terme de cette rapide présentation de ce qu'est et de ce que fait Attac, le lecteur souhaitera peut-être examiner ses rouages de plus près pour, éventuellement, prendre contact avec elle. Une lecture attentive des statuts lui permettra de saisir la logique qui a présidé à la conception de l'association, avec le rôle déterminant des membres fondateurs et la place du Conseil scientifique. La composition des instances de direction, que l'on trouvera plus loin, témoigne du pluralisme auquel les adhérents, parfois échaudés lors d'expériences passées, sont particulièrement attachés. Répétons-le une fois encore : Attac ne « roule » et ne « roulera » jamais pour personne, et, s'il le faut, mettra le holà à toute velléité d'« entrisme ».

On notera une absence dans les statuts : celle des comités locaux. À vrai dire, aucun des fondateurs n'avait prévu qu'ils connaîtraient un tel développement. Ils constituent maintenant la colonne vertébrale d'Attac en rassemblant, sur une zone géographique donnée, les adhérents les plus actifs ou les plus disponibles. Chacun d'entre eux, qu'il soit ou non constitué en association loi de 1901, est autonome. Une structure, la Conférence nationale des comités locaux (CNCL), a été créée, qui se réunit trois fois par an. Elle sert d'instance de dialogue avec la direction de l'association (Conseil d'administration et Bureau) élue, elle, par l'ensemble des adhérents, qu'ils militent ou non dans un comité local. Ce dialogue est, à vrai dire, permanent en vue de la mise en œuvre, sur le terrain, des grandes options et campagnes d'Attac.

C'est vers l'un quelconque des comités locaux que le lecteur pourra se tourner pour en savoir encore plus sur Attac. Il peut également consulter le site de l'association, d'une exceptionnelle richesse, dont le mode d'emploi est détaillé à la fin de ce chapitre. Le siège national est également à la disposition de tous (voir adresse et coordonnées, page 2).

Statuts d'Attac
**(Association pour la taxation des transactions financières
pour l'aide aux citoyens) adoptés par l'Assemblée générale
constitutive du 3 juin 1998**

CONSTITUTION - OBJET - COMPOSITION
Article 1. Constitution.- Objet

Il est formé, entre les soussignés, ainsi que les personnes, physiques ou morales qui adhèreront par la suite aux présents statuts, une association déclarée, régie par la loi de 1901, et qui a pour objet de produire et communiquer de l'information, ainsi que de promouvoir et mener des actions de tous ordres en vue de la reconquête, par les citoyens, du pouvoir que la sphère financière exerce sur tous les aspects de la vie politique, économique, sociale et culturelle dans l'ensemble du monde. Parmi ces moyens figure la taxation des transactions sur les marchés des changes (taxe Tobin).

Article 2. Dénomination

L'association prend la dénomination suivante : Attac (Association pour la taxation des transactions financières pour l'aide aux citoyens).

Article 3. Durée.- Siège

La durée de l'association est illimitée. Son siège social est fixé au 6, rue Pinel, 75013 Paris. Il peut être déplacé sur simple décision du Conseil d'administration.

Article 4. Membres.- Adhésion

L'association se compose des personnes, physiques et morales, signataires, et de celles qui y adhèreront.

Elle comprend deux catégories de membres : fondateurs et actifs.

Les membres fondateurs, réunis en collège, sont les personnes qui ont créé l'association et celles qu'elles désigneront, à la majorité des deux tiers, pour les compléter ou les remplacer, le cas échéant.

Les membres actifs sont les autres personnes qui auront adhéré à l'association.

La qualité de membre se perd au jour de la démission, du décès, du non-paiement de la cotisation, de la radiation ou de l'exclusion, appréciée et prononcée souverainement par le Conseil d'administration après convocation préalable de l'intéressé par lettre recommandée avec accusé de réception.

Les membres de l'association ne peuvent recevoir de rétribution à raison des fonctions qui leur sont confiées. Des remboursements de frais peuvent être alloués par le Conseil d'administration.

Article 5. Cotisation

La cotisation est fixée annuellement par l'Assemblée générale, sur proposition du Conseil d'administration. Tous les membres sont soumis à cotisation. Le paiement de la cotisation intervient par règlement annuel.

ORGANES ET FONCTIONNEMENT

Article 6. Organes

Les organes de l'association sont :
- l'Assemblée générale
- le Conseil d'administration
- le Bureau
- le Collège des fondateurs
- le Conseil scientifique

L'assemblée constitutive élit, à la majorité absolue, un Conseil d'administration composé de trois membres au minimum.

Article 7. Le Conseil

7-1. Composition

Le Conseil est composé de trente administrateurs élus par l'Assemblée générale, dont douze sont, postérieurement à l'assemblée constitutive, obligatoirement réservés aux membres actifs, le reste des sièges étant obligatoirement attribué à des élus des membres fondateurs.

Le Conseil comprend les candidats ayant obtenu le plus grand nombre de voix au premier tour. Les candidats fondateurs sont ceux figurant sur la liste arrêtée et présentée par les membres fondateurs après leur délibération à la majorité des présents ou représentés.

Le président est désigné par le Conseil parmi les membres fondateurs, à la majorité absolue aux premier et deuxième tours, et à la majorité simple au troisième.

Le Conseil élit en son sein, sur proposition du président, un secrétaire général, un trésorier, et pourvoit, selon les besoins, tout autre poste, dont celui d'un ou plusieurs vice-présidents.

7-2. Durée du mandat

La durée du mandat des membres du Conseil d'administration est fixée à trois ans, à compter du jour de leur élection par l'assemblée générale. Ils sont rééligibles sans limitation. En cas de vacance, de nouveaux administrateurs peuvent être cooptés par le Conseil. Leur élection est confirmée par l'Assemblée générale suivante pour la durée du mandat du conseil qui reste à courir.

Nul ne peut faire partie du Conseil s'il n'est majeur.

7-3. Fonctionnement

Le Conseil d'administration se réunit aussi souvent que l'intérêt de l'association l'exige, sans que le nombre de réunions puisse être inférieur à deux par an, sur convocation du président, qui peut, s'il le juge nécessaire, réunir le Conseil d'administration en séance extraordinaire.

Le Conseil peut inviter toute personne dont il estimera la présence utile à ses travaux.

Un Conseil d'administration doit être convoqué dans un délai maximal de quinze jours sur demande écrite du quart des membres du Conseil.

Les réunions sont présidées par le président, un vice-président ou le secrétaire général qui dirige les discussions, assure l'observation des statuts et du règlement intérieur et veille au suivi de l'ordre du jour. Lorsque le vice-président ou le secrétaire général préside, il exerce les pouvoirs du président.

Chaque membre du Conseil d'administration doit participer en personne aux séances. Toutefois, chaque administrateur peut se faire représenter par un autre administrateur. Les pouvoirs sont écrits. Nul ne peut détenir plus d'un pouvoir.

Les décisions sont prises à la majorité des présents et représentés.

Les décisions prévues à l'article 10.9 ne peuvent être prises que si un quorum de moitié du Conseil est réuni. Les délibérations donnent lieu à un procès-verbal approuvé.

7-4. Pouvoirs

Les pouvoirs d'administration sont confiés au Conseil d'administration qui prend toutes les décisions et mesures relatives à l'association, autres que celles expressément réservées par la loi et par les présents statuts à la compétence de l'Assemblée générale.

Il se prononce, à la majorité des deux tiers des membres présents ou représentés, sur toute proposition de modification des statuts ou toute autre décision à soumettre à l'Assemblée générale extraordinaire.

Article 8. - Le Bureau

8-1. Le Bureau est composé du président, du secrétaire général, du trésorier, du ou des vice-présidents et de membres.

8-2. Le Bureau est chargé de la gestion des affaires de l'association, dans le cadre des orientations fixées par le Conseil d'administration.

Article 9. Le Président

9-1. Le président anime l'association et dispose des pouvoirs les plus étendus pour assurer sa représentation, tant en France qu'à l'étranger, auprès des pouvoirs publics et des tiers.

Il dirige les discussions du Bureau, du Conseil d'administration et de l'Assemblée générale, qu'il préside.

Il surveille et assure l'observation des statuts et du règlement intérieur. Il signe tous actes, toutes mesures ou tous extraits des délibérations intéressant l'association, fait ouvrir les comptes. Il peut déléguer tout ou partie de ses pouvoirs.

9-2. Le président représente l'association en justice, soit comme demandeur, soit comme défendeur, soit comme partie civile.

Article 10. L'Assemblée générale
10-1. Composition.- Réunion

L'Assemblée générale se compose de tous les membres de l'association à jour de leur cotisation. Elle se réunit en séance ordinaire une fois par an, au jour et sur l'ordre du jour fixés par le Conseil d'administration, et sur convocation du président.

Il pourra être tenu des Assemblées générales ordinaires, réunies extraordinairement, quand les intérêts de l'association l'exigent, soit à l'initiative du Conseil d'administration, soit sur demande signée du quart des membres de l'association. Dans ce cas, la convocation est de droit.

10-2. Convocation

Les convocations sont faites par écrit, sauf urgence, au moins quinze jours à l'avance, et portent indication précise des questions à l'ordre du jour.

10-3. Ordre du jour

L'Assemblée générale ne peut délibérer que sur les questions inscrites à l'ordre du jour fixé par le conseil d'administration dans la séance qui précède l'Assemblée générale.

Tout membre peut demander l'inscription à l'ordre du jour de toute question qu'il désire voir traitée. Il adresse, à cet effet, une lettre recommandée avec accusé de réception au président avant la réunion du Conseil qui précède l'Assemblée générale. Le Conseil statue sur cette demande.

10-4. Accès

Les membres ne sont admis aux Assemblées générales que sur présentation d'une pièce justificative de leur qualité. Ils signent à leur entrée le registre de présence.

10-5. Représentation

Tout membre a le droit de se faire représenter par un autre membre en remettant à ce dernier un mandat écrit. Nul ne peut détenir plus de trois pouvoirs. Le Conseil peut, en outre, décider l'organisation d'un vote par correspondance.

10-6. Pouvoirs

L'Assemblée générale est l'organe souverain de l'association dans les matières dont la loi et les statuts lui réservent expressément la compétence exclusive, notamment sur les rapports annuels d'activité et de gestion. Ceux-ci présentent les travaux du Bureau et du Conseil d'administration pendant l'exercice écoulé, la situation financière et le bilan.

10-7. Majorité.– Quorum

Les décisions de l'Assemblée générale ordinaire sont prises à la majorité simple des membres présents ou représentés, après, le cas échéant, recherche d'une décision consensuelle.

Les décisions de l'Assemblée générale extraordinaire relatives à la modification des statuts ou à la dissolution, sont prises à la majorité des deux tiers des membres présents ou représentés.

L'Assemblée générale extraordinaire ne peut délibérer que si les deux tiers des membres de l'association sont présents ou représentés, sur première convocation, et de moitié sur les suivantes.

10-8. Vote

L'Assemblée générale vote à main levée, sauf demande particulière d'un vote à bulletin secret nominal des membres présents ou représentés. Chaque membre dispose d'une voix. Les votes par correspondance sont comptabilisés.

10-9. Modification des statuts

Aucune demande de modification des statuts ne peut venir en discussion à l'Assemblée générale extraordinaire si elle n'est pas proposée par le Conseil d'administration délibérant à la majorité des deux tiers des membres présents ou représentés, qui devra présenter un rapport motivé.

Article 11. Le Collège des fondateurs

Le Collège des fondateurs comprend les personnes physiques et morales qui ont créé l'Association et celles qu'elles désigneront, à la majorité des deux tiers, pour les compléter ou les remplacer, le cas échéant.

Le Collège se réunit sur convocation du président ou, dans un délai maximal de quinze jours, sur demande écrite du quart de ses membres.

Le Collège propose au Conseil d'administration les grandes orientations et lignes d'action de l'Association.

Article 12. Le Conseil scientifique

L'association met en place un Conseil scientifique.

Le président et les membres du Conseil scientifique sont nommés par le Conseil d'administration.

Le Conseil scientifique propose au Conseil d'administration les axes de recherche de l'Association. Il organise ses travaux en toute indépendance. Il peut faire appel, sous sa responsabilité, à toute compétence extérieure qu'il juge utile. Il est garant de la rigueur scientifique des études produites et diffusées par Attac.

Le Conseil scientifique est convoqué par son président, agissant de sa propre initiative, ou à la demande du président de l'Association.

RESSOURCES - CONTRÔLE FINANCIER

Article 13. Ressources

Les ressources de l'association comprennent :

- les cotisations et autres contributions des membres. Le montant de la cotisation est fixé par l'Assemblée générale sur proposition du Conseil ;

- d'une manière générale, toute ressource et subvention dont elle peut légalement disposer, le cas échéant, créée à titre exceptionnel avec l'agrément, s'il y a lieu, de l'autorité compétente.

Article 14. Comptabilité - Dépenses

La comptabilité est tenue sous le contrôle du trésorier, selon le plan comptable national.

Les dépenses sont ordonnées par le président. Leur paiement est effectué par le trésorier.

Article 15. Contrôle des comptes

Chaque année, lors de l'examen des comptes, l'Assemblée peut désigner un ou deux contrôleurs des comptes, membres ou non de l'association, pour lui faire un rapport sur les comptes de l'exercice écoulé.

Les premiers commissaires sont désignés par le Conseil d'administration.

DISSOLUTION - MODIFICATIONS STATUTAIRES
Article 16. Dissolution - Modifications statutaires

L'association peut être dissoute, sur proposition du Conseil d'administration, par vote de l'Assemblée générale extraordinaire, conformément à l'article 10-7. Les statuts peuvent être modifiés selon la même procédure.

Article 17. Liquidation

En cas de liquidation volontaire, l'Assemblée générale extraordinaire de liquidation nomme un ou plusieurs liquidateurs. En aucun cas, les biens ne peuvent être répartis entre les membres de l'association. Ils sont dévolus à une autre association dont le but est de même nature, conformément au décret du 16 août 1901.

La direction nationale : une volonté de pluralisme

Attac s'est constituée à partir d'un collège de fondateurs comprenant des personnes physiques et des personnes morales (associations, syndicats, publications) dont le pluralisme préfigurait celui qui était souhaité pour l'association. C'est pour garantir ce pluralisme au sein de la direction nationale d'Attac que, sur les 30 membres du conseil d'administration, 18 sont issus du collège des fondateurs et 12 des membres actifs. Un premier conseil d'administration comprenant membres actifs et membres fondateurs a été élu pour un mandat de trois ans lors de l'assemblée générale de La Ciotat du 23 octobre 1999, et a porté Bernard Cassen à sa présidence. Un nouveau Conseil sera élu par l'assemblée générale du 23 novembre 2002 organisée à La Rochelle.

Bureau

Président d'honneur : Ignacio Ramonet
Président : Bernard Cassen
Vice-présidents : François Dufour, Susan George
Secrétaire général : Pierre Tartakowsky
Trésorier : Christian Pierre
Membres : Marc Delepouve, Pierre Khalfa, Lionel Larqué, Julien Lusson, Daniel Monteux, Bernard Ginisty, Olga Otero, Régine Tassi

Conseil d'administration
Membres issus du collège des fondateurs

AITEC (Julien Lusson) ; APEIS (Guy Rouy) ; Confédération générale des SCOP (Michèle Dessenne) ; Confédération paysanne (François Dufour) ; Droits devant! (Annie Pourre) ; Fédération des banques CFDT (Bernard Dufil) ; Fédération des finances CGT (Christian Pierre) ; FFMJC (Cécile Guillerme) ; FGTE-CFDT (Hervé Alexandre); Susan George ; Gisèle Halimi ; *Le Monde diplomatique* (Bernard Cassen) ; *Politis* (Jean-Pierre Beauvais) ; SNESup (Daniel Monteux) ; SNUIPP (Hubert Duchscher) ; *Témoignage chrétien* (Bernard Ginisty) ; UGICT-CGT (Pierre Tartakowsky) ; Union syndicale Groupe des Dix (Pierre Khalfa).

Membres actifs

Janine Bouvat, Marc Delepouve, Laurent Gathier, André Intartaglia, Bernadette Jonquet, Lionel Larqué, Alain Lecourieux, Serge Le Quéau, Sarah Meddouri, Olga Otero, Francine Palisson, Régine Tassi.

Collège des fondateurs
Personnes physiques

Manu Chao, René Dumont †, Viviane Forrester, Susan George, Gisèle Halimi, Bernard Langlois, Daniel Mermet, René Passet,

Ignacio Ramonet, Jacques Robin, Philippe Val.

Personnes morales

AC ! (Agir ensemble contre le chômage) ; Agir Ici ; AITEC (Association internationale de techniciens, experts et chercheurs) ; *Alternatives économiques* ; Les Amis de la Terre ; APEIS (Association pour l'emploi, l'information et la solidarité) ; Artisans du Monde ; Association Gunter Holzmann ; CADAC (Coordination des associations pour le droit à l'avortement et à la contraception) ; CEDETIM (Centre d'études et d'initiatives de solidarité internationale) ; *Charlie Hebdo* ; CNAFAL (Confédération nationale des familles laïques) ; Confédération générale des SCOP ; Confédération paysanne ; CRID (Centre de recherche et d'information sur le développement) ; Droits devant ! ; Droit au Logement ; ESCOOP (Economies solidaires et coopératives) ; Fédération des banques CFDT ; Fédération des finances CGT ; FFMJC (Fédération française des maisons de jeunes et de la culture) ; FGTE-CFDT (Fédération générale des transports et de l'équipement CFDT) ; FSU (Fédération syndicale unitaire) ; *Golias* ; *Le Monde diplomatique* ; MNCP (Mouvement national des chômeurs et précaires) ; MODEF (Mouvement de défense des exploitants familiaux) ; Mrap (Mouvement contre le racisme et pour l'amitié entre les peuples) ; Les Pénélopes ; *Pétition* ; *Politique la revue* ; *Politis* ; Raisons d'agir ; Réseaux services publics européens ; SNES (Syndicat national de l'enseignement secondaire) ; SNESup (Syndicat national de l'enseignement supérieur) ; SNPTAS Equipement CGT ; SNUI (Syndicat national unifié des impôts) ; SNUIPP (Syndicat national unifié des instituteurs et professeurs des écoles) ; SUD-PTT (Solidaires unitaires démocratiques PTT) ; Survie ; Syndicat de la magistrature ; Syndicat de la médecine générale ; *Témoignage chrétien* ; *Transversales* ; UFAL (Union des familles laïques) ; UGICT-CGT (Union générale des ingénieurs, cadres et techniciens CGT) ; UNEF (Union nationale des étudiants de France) ; Union syndicale Groupe des Dix.

Une association en réseau

La structuration de l'association en France – 30 000 membres et plus de 200 comités locaux à l'intérieur desquels se développent des dizaines de groupe thématiques – participe de la logique des réseaux électroniques. Association nationale – et non pas fédération –, elle permet à chaque adhérent de participer et de contribuer à son développement. Cette logique de réseau est confortée par le développement du mouvement international Attac dans près de cinquante pays aujourd'hui. Ce renforcement de nos structures et de notre travail s'effectue selon un modèle non hiérarchique, et dans une logique de coordination et de mutualisation.

Avec des groupes de bénévoles électroniques, Attac bénéficie de l'appui de plus de 600 traducteurs (dans une quinzaine de langues), de celui de groupes de rédactions internationaux pour des hebdomadaires électroniques, en allemand, en anglais, en espagnol, en français, en italien, et de celui de groupes d'édition qui permettent de publier des trimestriels thématiques, ainsi qu'un mensuel en anglais et en français. Un seul lien physique entre eux : des listes électroniques de travail.

Ces listes se retrouvent à tous les niveaux de décision de l'association, celui des administrateurs nationaux, du Conseil scientifique, du Bureau, mais aussi, de manière plus générale, de l'ensemble des comités locaux. Toutes ces listes ont en commun de permettre à chacun, où qu'il soit, de participer pleinement et de faire connaître son opinion, sa réflexion, sa décision à l'ensemble des autres acteurs dans l'association. Ainsi, les décisions officielles et les communiqués sont partagés avant même d'être diffusés.

Plus encore, grâce au travail quotidien d'un peu plus 400 bénévoles au niveau local – les correspondants électroniques locaux (CEL) –, chaque groupe peut s'exprimer et, surtout, permettre à celles et ceux qui n'ont pas d'accès physique au réseau électronique de garder le contact et de participer aux décisions, à la mise à jour des actions, à la réflexion commune. L'accès à toute l'information est une constante de notre méthode de développement. L'amélioration de sa diffusion et de son utilisation, de son partage et de sa création, est un souci quasi quotidien pour les quelque 150 webmestres qui gèrent et améliorent les sites Internet et les listes électroniques, développent des méthodes de coordination et de mutualisation.

Les sites Internet d'Attac en France, celui de l'association, mais aussi la centaine de sites locaux proposent documents, bibliographies, comptes rendus, analyses, annonces et informations diverses. Ce sont plusieurs dizaines de milliers de pages qui sont ainsi mises à disposition de chacun. Des méthodes de diffusion originales, des synthèses, résumés et sélections permettent aussi de dépasser le cadre physique de l'électronique pour toucher directement les personnes intéressées, mais non connectées à Internet.

D'abord perçus comme un centre d'expertise et de documentation autour de nos thèmes de travail, puis comme un outil militant, et, enfin, comme une vitrine de l'association, les sites accueillent plusieurs dizaines de nouveaux documents chaque mois. Chaque jour, près de 40 000 documents sont téléchargés par des internautes de 130 pays différents. Les sites Internet constituent donc un gisement d'information pour qui les consulte, et ce quelles que soient ses motivations : recherches universitaires ou journalistiques, sources d'argumentaires pour d'autres luttes que les nôtres, auto-formation, curiosité, etc.

Pour nous, il s'agit avant tout de comprendre pour agir. Les outils électroniques (sites et listes) permettent en outre la coordination dans l'action à tous les niveaux. Chaque groupe est en mesure de maîtriser la chaîne complète de l'information : de sa création à sa diffusion, parfois en plusieurs langues. Ainsi Attac ne se construit pas du haut vers le bas, mais transversalement, dans une logique de réappropriation mutuelle par la participation. De plus, chaque étape décisionnelle est amplement documentée, si bien qu'il est possible, pour chaque groupe, de maîtriser les mécanismes démocratiques à l'intérieur de l'association.

Sans être la solution à tout, les outils électroniques sont donc intimement liés au fonctionnement et au travail de l'association. À ce titre, grâce avant tout au travail de bénévoles partout en France, l'accès physique à Internet n'est pas le seul moyen de communication : le réseau est avant tout une méthode pour vivre et construire, ensemble, l'association.

Comités locaux : qui contacter ?

VILLES ET DÉPARTEMENTS

(01) AIN
Ambérieu-en-Bugey
Didier ECKEL
Tél. : 04 74 38 22 40
Amberieu@attac. org
Bellegarde-Pays de Gex
Jean-Claude SANCHEZ
Tél. : 04 50 41 60 87
Bellegarde@attac. org
Bourg en Bresse
Luc BAILLY
Tél. : 04 74 45 13 77
Bourg.en.bresse
@attac.org
Val de Saône
Patrice MARTINOT
Tél. : 04 74 00 40 28
val.de.saone@attac.org

(02) AISNE
Margival
Marie-Line CLEMENT
Tél. : 03 23 74 44 76
Aisne@attac.org

(03) ALLIER
Montluçon
Roland LEPAYSAN
Tél. : 04 70 07 14 12
Montluçon@attac.org
Moulins
Jacqueline GERBAUD
Tél. : 04 70 44 39 46
Moulins@attac.org
Vichy
Michel BEAU
Tél. : 04 70 31 04 98
Vichy@attac.org

(04) ALPES-DE-HAUTE-PROVENCE
Forcalquier
Dominique BOUCHERY
Tél. : 04 92 76 46 21
Attac04@attac.org
Manosque :
Henri KARTMANN
Tél. : 04 92 72 46 01

(05) HAUTES-ALPES
Gap
Jean SIMONET
Tél. : 04 92 50 67 31
Attac05@attac.org

(06) ALPES-MARITIMES
Attac 06
Paule MAZE
Tél. : 04 93 73 92 65
Cannes-Grasse
Patrick RIBAS
Tél. : 04 92 92 04 40
Attac06@attac.org

(08) ARDENNES
Charleville-Mézières
Philippe RICHARD
Tél. : 03 24 32 72 66
Attac08@attac.org

(09) ARIEGE
Foix
Bernard MATHIEU
Tél. : 05 61 67 29 57
Attac09@attac.org

(10) AUBE
Troyes
Marie LEMARCHAND
Tél. : 03 25 75 60 06
aube@attac.org

(11) AUDE
Carcassonne
Danielle SEBIS
Tél. : 04 68 24 97 34
carcassonne@attac.org
Limoux
Michel NAET
MERABET
Tél. : 04 68 20 58 36
Narbonne
Patrick GREZE
Tél. : 04 68 32 04 10
narbonne@attac.org

(12) AVEYRON
Millau
Guy HOLSTEIN
Tél. : 05 65 61 36 82
Villefranche de Rouergue
Hervé DELERUE
Tél. : 05 65 29 74 30
/06 86 66 33 31
Attac12@attac.org

(13) BOUCHES-DU-RHÔNE
Aix-en-Provence
Joël DECARSIN
Tél. : 06 83 41 89 51
aix@attac.org

Aubagne
Jean VIVIANI
Tél. : 04 42 04 56 18
pays-aubagne@attac.org
La Ciotat
Michelle GIBERT-BONNEVILLE
Tél. : 04 42 71 52 06
laciotat@attac.org
Martigues-Étangs de Berre
Jean-Jacques SAUVAGE
Tél. : 04 42 43 14 83
martigues@attac. org
Marseille
Jean-Louis MARCHETTI
Tél. : 04 91 90 28 05
/06 08 86 01 66
marseille@attac.org

Salon de Provence
Robert GRUNINGER
Tél. : 04 90 55 90 10
Salon.de.provence@attac.org
Arles
Yves VATAIN
Tél. : 04 90 49 81 85
Arles@attac.org
Miramas
Véronique DESUANT
Tél. : 04 90 50 20 23
Gardanne-bassin minier
Bernard BONTOUX
Tél. : 04 42 51 17 71
Gardanne@attac.org

(14) CALVADOS
Caen
Guillaume CLET
Tél. : 02 31 34 00 04

Attac14@attac.org
(15) CANTAL
Aurillac
Anne TANNE
Tél. : 04 71 47 26 40
/06 08 53 74 29
Pays de Massiac
Josiane BOUVET
Tél. : 04 71 23 14 51
Pays.de.massiac@attac.org

(16) CHARENTE
Angoulême
Michel MENANT
Tél. : 05 45 61 54 84
attac16@attac.org

(17) CHARENTE MARITIME
François RIETHER
Tél. : 05 46 36 62 43
attac17@attac.org
La Rochelle
Michel FEUERMANN
Tél. : 05 46 34 77 05
Oléron
François RIETHER
Tél. : 05 46 36 62 43
Rochefort
Alain SAUMON
Tél. : 05 46 88 73 97
Saintes
Louis PELLETIER
Tél. : 05 46 93 58 52
Saint-Jean d'Angély
Michel BRAUD
Tél. : 05 46 59 70 07
Royan
Jean PERRIN
Tél. : 05 46 05 83 60
Sud-Saintonge
François BONNES
Tél. : 05 46 49 34 77

ATTAC

(18) CHER
Claude CHARI
Tél. : 02 48 26 04 54
Attac18@attac.org

(19) CORREZE
Brive
Laurent MIROU
Tél. : 05 55 27 31 78
/ 06 72 13 59 87
Attac19@attac.org

(20A) CORSE DU SUD
Ajaccio
Michel ORSINI
Tél. : 04 95 51 49 48
/06 10 13 63 98
ajaccio@attac.org
Porto-Vecchio
Isabelle BUIRET
Tél. : 04 95 71 59 90

(20B) HAUTE-CORSE
Bastia
François ALESSANDRI
Tél. : 04 95 32 07 32
bastia@attac.org
Balagne
Corinne DUMAS
Tél. : 06 21 05 83 23
Balagne@attac.org

(21) CÔTE-D'OR
Dijon
Maurice BROCHOT
Tél. : 03 80 51 32 70
dijon@attac.org

(22) CÔTES D'ARMOR
Trégor
Henry RACINE

Tél. : 02 96 23 39 34
Tregor@attac. org
Saint-Brieuc
Pierre ETIENNE
Tél. : 02 96 52 18 74
Attac22@attac.org
Dinan
François GISSOT
Tél. : 02 96 39 95 79

(23) CREUSE
Sylvie VAUGELADE
Tél. : 05 55 62 49 47
creuse@attac.org

(24) DORDOGNE
Attac24@attac.org
Périgueux
François LAPORTE
Tél. : 05 53 54 99 11
Perigueux@attac.org
Bergerac
Marie MEYLHEUC
Tél. : 05 53 58 42 28
Bergerac@attac.org
Sarlat
Théophile PARDO
Tél. : 06 75 01 62 34
Sarlat@attac.org
Terrasson
Jean-Michel VERGNES
Tél. : 05 55 25 16 76
Terrasson@attac.org

(25) DOUBS
Besançon
Yves KARLEN
Tél. : 03 81 50 03 13
besancon@attac.org
Montbéliard
Guy VANDENEECKHOUTE
Tél. : 03 81 36 25 52

(26/07) DROME-ARDECHE
Drôme-Ardèche
Valérie PEYRET
Tél. : 04 75 21 38 33
Attac2607@attac.org
Privas
Alain ROSCOET
Tél. : 04 75 64 38 80
Privas@attac.org
Romans
Bernard BOUZON
Tél. : 04 75 72 39 33
romans@attac.org
Nyons
Jérémie CHAMBON
Tél. : 04 75 27 43 37/06 83 29 48 80
Nyons@attac.org

(27) EURE
Evreux
François BOLZE
Tél. : 02 32 37 52 66
Attac27@attac.org
Risle-Charentonne
Martine PETIT
Tél. : 02 32 46 27 99
Louviers
Luc LEGOUT
Tél. : 02 32 25 90 33

(28) EURE-ET-LOIR
Chartres
Philippe MONTI
Tél. : 06 87 03 84 58
Attac28@attac.org

(29) FINISTERE
Pierre WEBER
Tél. : 02 98 91 82 01
finistere@attac.org
Brest
Gérald OUVRADOU

176

Tél. : 02 98 05 69 02
Douarnenez
Marie-Christine LE
CORRE
Tél. : 02 98 92 09 53
Quimper
Jean-paul CLOAREC
Tél. : 02 98 57 31 04
Quimperlé
Michel MOUILLE
Tél. : 02 98 71 76 25

(30) GARD
Alès-Cévennes
Jacques ANGOT
Tél. : 04 66 83 15 21
Ales-
cevenne@attac.org
Nîmes
Mike KROLIKOWSKI
Tél. : 04 66 20 57 66
Attacgard@attac.org
Uzège
Guy VIALLE
Tél. : 04 66 03 41 95
Uzege@attac.org
Gard Rhodanien
Bernard SUDRES
Tél. : 04 66 82 08 46
Attacgard-rhodanien
@attac.org

**(31) HAUTE-
GARONNE**
Toulouse
Pierre BONNEAU
Tél. : 05 61 48 91 25
toulouse@attac.org
Comminges
Josette ABBES
Tél. : 05 61 79 66 01
Comminges@attac.
org
Volvestre

Pierre BERNARD
Tél. : 05 61 97 19 13
(32) GERS
Auch
Jacques SONILHAC
Tél. : 05 62 61 02 14
auch@attac.org

(33) GIRONDE
Bordeaux
Jacques TOISER
Tél. : 05 56 44 08 05
bordeaux@attac.org

(34) HERAULT
Montpellier
Jean-Claude FAVIER
Tél. : 04 67 54 19 34
Clapiers
Olivier COMPAN
Tél. : 04 67 59 24 59
herault@attac.org
Béziers
Paul JEAN
Tél. : 04 67 35 12 21
Beziers@attac.org
Pézénas
Alan BLANQUER
Tél. : 04 67 98 07 46
**Sète-bassin de
Thau**
René ALLERA
Tél. : 04 67 43 26 41
Cévennes sud
Claude REGLE
Tél. : 04 67 73 17 34

**(35) ILLE-ET-
VILAINE**
attac35-bureau@
attac. org
Rennes
Gérard HEDE
Tél. : 06 30 44 55 35

Rennes@attac.org
Redon
Gérard DAVID
Tél. : 02 99 91 78 32
Redon@attac.org
Saint Malo
Jean-Louis PERRAULT
Tél. : 06 81 10 62 23
Stmalo@attac.org

(36) INDRE
Châteauroux
Didier AUGER
Tél. : 02 54 40 96 57
Attac36@attac.org
Le Blanc
Claude PETIT
Tél. : 02 54 28 05 50
Leblanc@attac.org

**(37) INDRE-ET-
LOIRE**
Tours
Thérèse CELLIER
Tél. : 02 47 73 20 97
Attac37@attac.org
Chinon
Guy GARCIA
Tél. : 02 47 98 02 02
Chinon@attac.org

(38) ISERE
Grenoble
François CHANTRAN
Tél. : 04 76 52 45 22
Attac38@attac.org
Pays rhodanien
Stéphane OTHEGUY
Tél. : 04 74 58 94 43
Vienne-pays.
rhodanien@attac.org

ATTAC

(39) JURA
Lons-le-Saunier
Véronique MELOCHE
Tél. : 03 84 66 06 41
Attac39@attac.org

(40) LANDES
Mont de Marsan
Laurent PEGUY
Tél. : 05 58 06 95 38
Landes - Sud :
Jean-René DUFORT
Tél. : 05 58 77 12 45
landesud@attac.org
Pays de Born
Bernard ALQUIER
Tél. : 05 58 09 76 28
Pays. born@attac.org

(41) LOIR-ET-CHER
Yvon BUREAU
Tél. : 02 54 33 31 17
Attac41@attac.org

(42) LOIRE
Roanne
Pierre RAVINET
Tél. : 04 77 70 91 47
Roanne@attac.org
Saint-Étienne
François MEHL
Tél. : 06 74 45 78 07
loire@attac.org

(43) HAUTE-LOIRE
Brioude
François ROUX
Tél. : 04 71 50 93 40
brivadois@attac.org
Le Puy
Hubert GUILLON
Tél. : 04 71 09 71 95
Yssingeaux
Luc FAREZ

Tél. : 04 71 75 01
46/06 74 71 00 28

(44) LOIRE-
ATLANTIQUE
Clisson
Jacques VINCENT
Tél. : 02 40 06 98 53
Clisson@attac.org
Nantes
Yvonne DARTUS
Tél. : 02 40 50 14 80
attac44@attac.org
Saint-Nazaire
Geneviève COIFFARD
GROSDOY
Tél. : 02 40 70 04 88
Saint-
nazaire@attac.org

(45) LOIRET
Orléans :
Valérie MARTIN
Tél. : 08 38 81 18 43
Attac45@attac. org

(46) LOT
Cahors
Geneviève MASSON
Tél. : 05 65 36 93 01
Attac46@attac.org

(47) LOT-ET-
GARONNE
Agen
France BORIS
Tél. : 05 53 95 17 14
Agen@attac.org
Marmande
Henry SANTOLINI
Tél. : 05 53 20 84 28
marmande@attac.org
Villeneuve-sur-Lot
Sylvain MERCIER

Tél. : 05 53 36 89 81
villeneuve@attac.org

(48) LOZERE
Florac
Marc LIOTARD
Tél. : 04 66 45 23 58
Lozere@attac.org

(49) MAINE-ET-
LOIRE
Angers
Danielle DAGMEY
Tél. : 02 41 54 65 36
Attac49@attac.org

(50) MANCHE
Nord Cotentin
Christine TIPHAIGNE
Tél. : 02 33 44 19 13
cherbourg@attac.org
Saint-Lô
Bertrand DEYRIS
Tél. : 02 33 55 49 89
Stlo@attac.org
Sud -Manche
Maryse GUIN GOUAIN
Tél. : 02 33 91 67 51

(51) MARNE
Reims
Nicolas CANOT
Tél. : 03 26 07 23 98
reims@attac.org
Châlons-en-
Champagne
Philippe THOMAS
Tél. : 03 26 65 96 03
chalons-
vitry@attac.org

(52) HAUTE-MARNE
Chaumont
Jean-François BRIERE

Tél. : 03 25 31 15 62
Attac52@attac.org
(53) MAYENNE
Laval
Françoise
BIRONNEAU-SIMON
Tél. : 02 43 53 08 63
attac53@wanadoo. fr

(54) MEURTHE-ET-MOSELLE
Nancy
Christian FLORENTIN
Tél. : 03 83 35 94 94
Attac54@attac.org
Pays Haut
Albert FALCETTA
Tél. : 03 82 23 91 02

(55) MEUSE
Bar-le-Duc
Brigitte LEBLAN
Tél. : 03 29 79 05
98/06 08 06 12 81
Meuse@attac.org

(56) MORBIHAN
Vannes
Thierry ROUQUET
Tél. : 02 97 40 06 59
Attac56@attac.org

(57) MOSELLE
Metz
Michel KOHN
Tél. : 03 87 32 38 75
moselle@attac.org

(58) NIEVRE
Nevers
Stéphanie PICARD
Tél. : 03 86 61 01 55
nievre@attac.org

(59) NORD
Nord
Florent DENIMAL
Tél. : 03 20 30 03 76
Nord@attac.org
Lille
Françoise PAPO
Tél. : 03 20 54 07 90
lille@attac.org
Littoral Nord
Jean-Paul DUMOTIER
Tél. : 03 28 27 07 34
Littoral.nord@attac.org
Valenciennes :
Arnaud ZAJAC
Tél. : 03 27 41 26 37
attac.valenciennes@
voila.fr
Douai
Benjamin
DECEUNINCK
Tél. : 03 27 97 14 89
/06 67 15 86 72
Douai@attac.org
Roubaix-Tourcoing
André DELCROIX
Tél. : 03 20 82 98 42
Roubaix-tourcoing
@attac. org

Villeneuve d'Ascq
Roland DELACROIX
Tél. : 03 20 43 46 27

(60) OISE
Compiègne
Guy PLATEL
Tél. : 03 44 22 35 91
oise@attac.org

(61) ORNE
Alençon
Jean EON
Tél. : 02 33 26 43 71

alencon@attac.org
Bocage
Jean ROSSIGNOL
Tél. : 02 31 69 07 44

(62) PAS-DE-CALAIS
Artois
Albert RICHEZ
Tél. : 03 21 51 23 75
artois@attac.org
Boulogne
Martine LAPLATINE
Tél. : 03 21 83 52 47
Béthune
Renaud SILVESTRI
Tél. : 03 21 56 22 87
Bethune-audomarois
@attac. org

(63) PUY DE DÔME
Clermont-Ferrand
Claude VALLENET
Tél. : 04 73 61 34 25
Attac63@attac.org

(64) PYRÉNNÉES-ATLANTIQUES
Pays Basque
Chantal BOONE
Tél. : 05 59 64 18 17
Pays.basque@attac.org
Pau
Dominique TUQUOI
Tél. : 05 59 53 14 51
Attac64@attac.org

(65) HAUTES-PYRÉNNÉES
Tarbes
Michel SANCIAUD
Tél. : 05 62 45 99 93
Attac65@attac.org

**(66) PYRÉNÉES-
ORIENTALES
Perpignan :**
Jean TOSTI
Tél. : 04 68 84 13 14
attac66@attac.org

**(67) BAS-RHIN
Strasbourg**
Lysiane ROLET
Tél. : 06 63 49 74 79
strasbourg@attac.org
Vosges du nord
Frédéric HENRY
Tél. : 03 88 70 91 83

**(68) HAUT-RHIN
Mulhouse**
Sylviane ROTOLO
Tél. : 03 89 76 95 29
Attac68@attac.org

**(69) RHÔNE
Lyon**
Jean-Luc CIPIERE
Tél. : 04 78 37 13 09
rhone@attac.org
**Villefranche
et Beaujolais**
Claude BRANCIARD
Tél. : 04 74 68 32 38
Attacalade@oreka.com

**(22) SAÔNE-ET-
LOIRE**
Attac71@attac.org
Châlons sur Saône
Stéphane CLERC
Tél. : 03 85 44 93 74
chalon@attac.org
Macon
Chantal CABOCHE
Tél. : 03 85 59 16 40
macon@attac.org

Monceau les Mines
Marie BIXEL
Tél. : 03 85 54 26 47
Montceau@attac.org
Autun
Thierry COLLIN
Tél. : 03 85 86 26 23
Le Creusot
Daniel BOUTAVANT
Tél. : 03 85 55 33 05

**(72) SARTHE
Le Mans**
Marie-Aimée IDE
Tél. : 02 43 82 45 09
Attac72@attac.org

**(73) SAVOIE
Chambéry**
Philippe LESAGE
Tél. : 04 79 68 89 26
savoie@attac.org

**(74) HAUTE SAVOIE
Annecy**
Yves BAVEREL
Tél. : 04 50 71 41 90
Attac74@attac.org

Chablais
Pierre CABOTTE
Tél. : 04 50 71 41 90
**Annemasse
et vallée Verte**
Marie Yvonne
BEAUQUIS
Tél. : 04 50 37 70 96
Fancigny
Martine LEGER
Tél. : 04 50 34 63 41

**(75) PARIS
(1-2-3-4-5-6-7èmes)**
Aymard DE CAMARET
Tél. : 01 46 34 15 97
parisctr@attac.org
(8-16-17-18èmes)
Luc VITORGE
Tél. : 01 48 78 09 74
parisnw@attac.org
(9-10èmes)
Zita TRANCART
Tél. : 01 45 26 69 25
paris910@attac.org
(11ème)
Jacques DACHARY
Tél. : 01 56 98 09 71
paris11@attac.org
(12ème)
Charles BAUX
Tél. : 01 43 48 86 72
paris12@attac.org
(13ème)
Marianne BRIFFOD
Tél. : 01 45 85 16 22
Paris13@attac.org
(14ème)
Pierre LADA
Tél. : 01 45 43 06 32
Paris14@attac.org
(15ème)
Nelly DETRE-VIALE
Tél. : 06 10 18 53 65
paris15@attac.org
(19ème)
Marcel AUSTIN
Tél. : 01 40 34 96 10
paris19@attac.org
(20ème)
Stéphane HENIN
Tél. : 01 43 58 19 64
Paris20@attac.org

(76) SEINE MARITIME
Dieppe
Philippe CLOCHEPIN
Tél. : 02 35 04 46 21
/06 03 06 81 32
dieppe@attac.org
Le Havre
Marie-Josèphe ALBERTINI
Tél. : 02 32 74 02 97
Rouen
Marie LIONIS
Tél. : 02 35 71 58 47
rouen@attac.org
Fécamp
Christine GARNIER
02 35 27 91 74
fecampattac@hotmail.com

(77) SEINE ET MARNE
Nord
Philippe MOLINA
Tél. : 01 60 28 99 63
77nord@attac.org
Sud
Dominique DESMAREST
Tél. : 01 64 52 85 84
77sud@attac.org
Brie champenoise
Stéphane CUTTAIA
Tél. : 01 60 32 99 62
Brie-champenoise@attac.org

(78) YVELINES
Nord
Véronique VARALLI
Tél. : 01 30 39 70 50
78nord@attac.org

Sud
Louis LAPIERRE
Tél. : 01 30 52 95 57
78sud@attac.org
Région Rambouillet
Philippe ARONDEL
Tél. : 02 37 83 57 99
Rambouillet@attac.org

(79) DEUX-SEVRES
Niort
Jean DUCOS
Tél. : 05 49 24 22 54
attac79@attac.org

(80) SOMME
Amiens
Christine VANHEE
Tél. : 03 22 23 67 66
Attac80@attac.org

(81) TARN
Albi
Gérard BORDES
Tél. : 05 63 54 89 24
tarn@attac.org

(82) TARN-ET-GARONNE
Montauban
Jean GUIRAUD
Tél. : 06 74 58 42 23
montauban@attac.org
Bas-Quercy
Bernard MOINE
Tél. : 05 63 04 09 36

(83) VAR
Toulon
Claude LOISY
Tél. : 04 94 20 90 64
toulon@attac.org

Draguignan (Var-Est)
Véronique REY-GERARD
Tél. : 04 94 68 04 77
varest@attac.org
Maures-Estérel
Raymond ABEL
Tél. : 04 94 83 03 36
Attacmaures-esterel@laposte.net

(84) VAUCLUSE
Grand Avignon
Jacques LEROY
Tél. : 04 90 33 25 13
avignon@attac.org
Pays du Ventoux
Fabrice MEDDOURI
Tél. : 04 90 69 65 37
ventoux@attac.org
Sud Lubéron
Danielle ALVERNHE
Tél. : 04 90 09 90 26
Sud.luberon@attac.org
Comtat venaissin
Gérard JUBAULT
Tél. : 04 90 66 41 25
Comtat-venaissin@attac.org

Sorgues et Calavon (Le Thor)
Jacques OLIVIER
Tél. : 04 90 33 86 44

(85) VENDEE
La Roche-sur-Yon
Mounir JEDDI
Tél. : 02 51 52 64 57
Attac85@attac.org

ATTAC

(86) VIENNE
Poitiers
Dominique LEBLANC-
BARATTO
Tél. : 05 49 41 16 37
poitiers@attac.org
Chatellerault
Dominique
BLANCHARD
Tél. : 05 49 23 37 52
Chatellerault@attac.org
Montmorillon
Aurélien BERNIER
05 49 84 11 54
montmorillon@attac.org

(87) HAUTE-VIENNE
Limoges
Jean-Pierre CLAUSSE
Tél. : 05 55 35 81 24
attac87@attac.org

(88) VOSGES
Épinal
André INTARTAGLIA
Tél. : 03 29 50 81 85
vosges@attac.org

(89) YONNE
Auxerre
Paul GRUYER
Tél. : 03 86 65 39 36
Attac89@attac.org

(90) TERRITOIRE
DE BELFORT
Belfort
Jean-Charles BATTU
Tél. : 03 84 21 45 78
belfort@attac.org

(91) ESSONNE
Essonne
Guy PAPELIER

Tél. : 01 69 44 06 11
essonne@attac.org
Essonne Sud
Philippe ARRIET
Tél. : 01 64 94 42 43
Sudessonne@attac.org
Val de Seine et Val
d'Yerres
César MICHELANGELI
Tél. : 01 69 8918 05
Val d'Orge
Laurent CAILLAUD
Tél. : 01 60 48 45 71
Nord Essonne
Alban MOSNIER
Tél. :01 69 86 04 12
Nordessonne@attac.org

(92) HAUTS DE
SEINE
Guy GOUREVITCH
Tél. : 01 41 18 09 82
/06 83 18 84 36
Attac92@attac.org

(93) SEINE ST-DENIS
Nord-Est
Robert TURGIS
Tél. : 01 48 30 78 91
93nordest@attac.org
Ouest
Adrian COSSIC
Tél. : 06 76 10 46 92
93ouest@attac.org
Sud
Denys PININGRE
Tél. : 0149 88 99
12/06 75 60 86 88
93sud@attac.org
Centre Nord-Est
Gérard BELLEBEAU
Tél. : 01 43 81 51 01
Pantin
Pierre PONTHUS

Tél. : 01 41 71 26 87
Pantin@attac.org

(94) VAL DE MARNE
Daniel ARNAUDIN
Tél. : 01 42 26 49 49
attac94@attac.org
94 Nord
Hervé EMORINE
Tél. : 01 48 08 56 12
Arcueil, Cachan,
Gentilly
Jacques et Josée
WEBER
Tél. : 01 47 40 07 13
Fresnes et
environs
Oséas BERCY
Tél. :01 46 68 81 44
Villejuif
Danièle PRIMEL
Tél. : 01 46 77 84 94
Ivry sur Seine
Nicolas LAADJ
Tél. : 01 46 58 43 47
Vitry-sur-Seine
Yves LORIETTE
Tél. : 01 42 26 76 88
Orly et environs
Claude GARNIER
Tél. : 01 48 52 93 72
Créteil
Bernard LIOT
Tél. : 01 42 07 80 58
Alfortville, Saint-
Maur, Val-de-Marne
nord-ouest, sud-est
Michel CIAIS
Tél. : 01 45 93 37 94
Le Kremlin-Bicêtre
Cyril ROUSSEAU
Tél. : 01 49 60 10 83

(95) VAL D'OISE
Nicolas RELIGIEUX
Tél. : 06 09 73 28 05
Attac95@attac.org
Nord-Est
Virginie MIGNOT
Tél. : 01 34 70 44 52
Attac95ne@attac.org
Sud
Michel BAGNA
Tél. : 01 34 28 22 18
Attac95sud@attac.org
Sud-Est
Yann FIEVET
Tél. : 01 39 87 67 03
Yannfievet@free.fr

(97) DOM
971 Guadeloupe
Pierre FAURE
Tél. : 05 90 97 55 79
Guadeloupe@attac.org
973 Guyane
Bruno NIEDERKORN
Guyane@attac.org
974 La Réunion
Rolande HULEUX
Tél. : 02 62 49 62 91
Reunion@attac.org
976 Mayotte
Guillaume VISCARDI
Mayotte@attac.org

(98) TOM
Nouvelle
Calédonie :
Didier BARON
Tél. : 68 289

La liste à jour des collectifs lycéens et étudiants (qui n'ont pas le statut de comités locaux) peut être consultée sur le site d'Attac à l'adresse suivante :

http://www.attac.org/fra/grou/doc/universite.htm

COLLECTIVITÉS LOCALES ET TERRITORIALES
2001–2002

(06) LA TRINITÉ
Tél. : 04 93 27 64 00

**(13) "GARLABAN-
HUVEAUNES-
SAINTE-BAUME"**
*Communauté de
villes*
Tél. : 04 42 18 19 19

(13) GRANS
Tél. : 04 90 55 99
70/71

(17) AYTRÉ
Tél. : 05 46 30 19 19

(26) AUCELON
Tél. : 04 75 21 73 11

(26) BARNAVE
Tél. : 04 75 21 83 20

(33) BEGLES
Tél. : 05 56 49 88 88

(35) ACIGNÉ
Tél. : 02 99 04 30 00

(36) GARGILESE
Tél. : 02 54 47 83 11

**(44) LA CHAPELLE
SUR ERDRE**
Tél. : 02 51 81 87 10

(47) MARMANDE
Tél. : 05 53 93 09 50

**(48) SAINT - FRÉZAL
DE VENTALON**
Tél. : 04 66 45 56 15

(48) SAINT-MAU-RICE DE VENTALON
Tél. : 04 66 45 82 01

(50) CHERBOURG-OCTEVILLE
Tél. : 02 33 53 97 00

(59) ANICHE
Tél. : 03 27 99 91 11

(59)ANSTAING
Tél. : 03 20 41 25 07

(59) AUBY
Tél. : 03 27 99 60 60

(59) DUNKERQUE
Tél. : 03 28 26 26 26

(59) GUESNAIN
Tél. : 03 27 99 13 73

(59) HAVELUY
Tél. : 03 27 44 20 99

(59) PETITE-FORET
Tél. : 03 27 28 17 50

(66) CABESTANY
Tél. : 04 68 66 36 00

(72) ALLONNES
Tél. : 02 43 83 42 06

(76) OISSEL
Tél. : 02 32 95 89 89

(79) PARTHENAY
Tél. : 05 49 94 03 77

(83) LES ARCS (EN PROVENCE)
Tél. : 04 94 47 56 70

(83) LE PRADET
Tél. : 04 94 08 69 47

(84) ENTRAIGUES-SUR-LA-SORGUE
Tél. : 04 90 83 66 40

(87) CONSEIL REGIONAL DU LIMOUSIN
Tél. : 05 55 45 19 00

(87) SAINT - JUNIEN
Tél. : 05 55 43 06 80

(91) ATHIS-MONS
Tél. : 01 69 54 54 54

(91) FLEURY - MÉROGIS
Tél. : 01 69 46 72 00

(91) MORSANG-SUR-ORGE
Tél. : 01 69 25 39 00

(91) SAULX-LES-CHARTREUX
Tél. : 01 69 74 11 20

(91) VERT-LE-PETIT
Tél. : 01 64 93 24 02

(92) CLICHY LA GARENNE
Tél. : 01 47 15 30 00

(92) FONTENAY-AUX-ROSES
Tél. : 01 41 13 20 00

(92) MALAKOFF
Tél. : 01 47 46 75 00

(93) BAGNOLET
Tél. : 01 49 93 60 00

(93) MONTREUIL
Tél. : 01 48 70 60 00

(93) CONSEIL GENE-RAL DE SEINE SAINT - DENIS
Tél. : 01 43 93 93 93

(94) BONNEUIL-SUR-MARNE
Tél. : 01 45 13 88 00

(94) VILLEJUIF
Tél. : 01 45 59 20 00

(95) ARGENTEUIL
Tél. : 01 34 23 41 00

Mode d'emploi des outils électroniques

Attac utilise l'ensemble des ressources auxquelles les outils électroniques peuvent donner accès. Ceux-ci sont avant tout au service des militant(e)s, de la construction de réseaux ouverts, tant à l'intérieur de l'association que vers l'extérieur. Ils deviennent de plus en plus indispensables à tout ce qui touche au travail national et international.

Ces outils sont façonnés pour et par les militant(e)s. Chaque Attac, qu'elle soit locale ou nationale, dispose des mêmes ressources potentielles : site Internet, listes électroniques, forums. De fait, de nombreux outils ont été développés au service de comités locaux, de groupes de travail nationaux, etc. La seule analogie qui puisse décrire ce fourmillement et la multiplicité des « entrées » possibles est la nébuleuse.

Ce qui est plus précis, en revanche, ce sont les milliers de bénévoles qui permettent à chacun de se réapproprier ces outils et les informations qu'ils véhiculent pour les mettre au service de l'ensemble de l'association. Et cela que les personnes elles-mêmes aient ou non la possibilité de se connecter physiquement à Internet. Ce sont les quelque 200 webmestres d'abord, qui permettent le bon fonctionnement des sites et des listes. Mais Attac est riche de l'aide et de l'expertise de bien d'autres personnes, comme les 600 traducteurs bénévoles (un réseau qui travaille quotidiennement en plus de 10 langues), comme les presque 500 correspondants électroniques qui permettent à chaque groupe local non seulement de disposer de la même information, mais, en outre, de pouvoir intervenir dans tous les débats de l'association. Le réseau des bénévoles qui travaillent électroniquement ne s'arrête pas là : il faudrait parler aussi d'un réseau d'une centaine de collaborateurs aux périodiques électroniques internationaux publiés chaque semaine en cinq langues, et des dizaines d'autres activités diverses rendues possibles par le réseau, de la mise en page à l'édition, en passant par la recherche documentaire.

Le portail international *http://attac.org/*

Le portail international représente le point d'entrée vers les sites nationaux des Attac dans le monde. Il regroupe aussi différents services qui lui sont propres. D'abord, les périodiques internationaux qui, sous forme d'un courrier électronique hebdomadaire (il suffit de s'inscrire dès la première page), sont reçus par 80 000 abonnés dans 5 éditions indépendantes, mais coordonnées : allemande, anglaise, espagnole, française et italienne. C'est ensuite la possibilité de s'inscrire aux centaines de listes de discussion et de forums organisés dans presque une vingtaine de pays, ainsi que de participer, là où on peut maîtriser la langue, à une pensée en train de se construire. Enfin ce sont les calendriers des actions et événements organisés directement par les Attac : presque 400 rendez-vous par mois rien qu'en France, mais la Suède, le Danemark, la Suisse, l'Espagne, l'Italie, l'Allemagne, l'Autriche, etc., ne sont pas en reste. Ce portail et les sites Attac qui lui sont liés, enregistrent environ 4 millions de connexions par mois, soit à peu près 6 000 par heure. Ce sont environ 35 000 documents qui sont téléchargés 365 jours par an.

Le portail sert aussi d'hébergement à des sites événementiels qui s'apparentent davantage à un média (publication d'articles, de reportages photos, d'entretiens sonores) comme, par exemple, pour le Forum social mondial 2002 (*http://attac.org/fsm2002*) ou pour Gênes en juillet 2001 (*http://attac.org/genes2001*) ou enfin pour les centaines de mobilisations à l'occasion de la dernière conférence ministérielle de l'Organisation mondiale du commerce à Doha (*http://attac.org/nonewround/*).

Le site Attac France *http://attac.org/france*

Le site d'Attac France est avant tout un centre de documentation et d'informations autour des thèmes de travail de l'association. Sont publiés des milliers de documents, allant de l'analyse au compte rendu, produits par l'association elle-même, mais aussi par ses membres fondateurs, universitaires et experts du Conseil scientifiques, d'autres organisations partenaires dans certaines des campagnes que nous menons, mais aussi des gouvernements ou des organisations, surtout quand ceux-ci « oublient » de rendre publics certains documents. Il s'agit avant tout de permettre à chacun de pouvoir disposer de toute l'information pour réfléchir et participer, pour agir.

Le site d'Attac France est un outil au service de l'association et de ses membres. Il met à la disposition du public tous les comptes rendus, les communiqués, les déclarations. Il publie aussi les comptes de l'association lors de chaque assemblée générale, et tous les documents relatifs à son fonctionnement. Il permet ainsi de tenir chacun informé sur l'activité de l'association.

Le site d'Attac France est une vitrine qui permet de se rendre directement vers chaque groupe local, de les contacter et éventuellement de participer aux dizaines de listes électroniques mises en place. Il donne aussi directement accès aux derniers événements importants de l'association, à ses prises de position. Il s'agit là aussi de donner envie à chacun de participer et de s'investir.

Le site des comités locaux *http://www.local.attac.org*

Les comités locaux, que ce soit en France, en Espagne, en Italie, en Suisse ou ailleurs, disposent d'un serveur qui leur est dédié. Le nombre et la diversité des sites empêchent une description simple, même si leurs richesses, tant dans la documentation proposée, les listes électroniques et le matériel à disposition, imposent de leur rendre visite souvent. Il s'agit, pour ceux qui en ont les moyens humains, de pouvoir maitriser l'intégralité de la chaîne de l'information, de sa production à sa diffusion.

L'avenir

Le fonctionnement, en particulier du site Attac France, va être modifié cette année. Une base de données sera mise en place pour un site susceptible de s'adapter aux différents besoins des utilisateurs. Le renforcement des coordinations, en particulier internationales, va permettre la mise sur pied d'espaces d'échanges et de dialogue correspondant davantage aux différents besoins et déclinables de manière très locale, ou bien de manière très globale grâce à l'utilisation et à la coordination de plusieurs forums sur Internet. Les outils électroniques accompagnent et renforcent la vie et l'activité militante au sein d'une association aux dimensions multiples : locales et globales, nationales et internationales, thématiques et généralistes.

49.4678.01.6
Nº d'édition : 21 308
Achevé d'imprimer en mai 2002,
sur papier Ensoclassique par Canale & C. Spa (Turin, Italie).

Bulletin d'adhésion

Passez à l'Attac!

❏ Adhésion   ❏ Renouvellement   (n° de carte : _____)
Comité local : _____

Attac est une association qui vit grâce aux cotisations et à l'engagement de ses adhérents. Elle a besoin de toutes les bonnes volontés.

Particulier
Homme ❏   Femme ❏   Année de naissance : ....
Activités (professionnelles et autres) : ....
Nom (en capitales) : .... Prénom : ....

Association
Syndicat ❏   Entreprise ❏   Collectivité locale ❏   Autre ❏
Raison sociale (en capitales) : ....
Représenté par : ....

Adresse
Code postal : .... Ville : .... Pays : ....
Téléphone : .... Télécopie : ....
Adresse électronique : ....

Adhère ou renouvelle mon adhésion à l'association Attac et verse ma cotisation pour l'année 2002 d'un montant de :
(tranches de revenu mensuel)
❏ de 0 à 900 € (5904 F) ....15 € (98 F)
❏ de 900 à 1600 € (10495 F) ....30 € (197 F)
❏ de 1600 à 2300 € (15087 F)...........................35 € (230 F)
❏ de 2300 à 3000 € (19679 F)...........................40 € (262 F)
❏ au-delà de 3000 € ....45 € (295 F)

⊤ Passez à l'Attac!

❏ associations et syndicats locaux ....30 € (197 F)
❏ associations et syndicats nationaux ....150 € (984 F)
❏ collectivités locales (tél. : 01.53.60.92.43)
(ce montant comprend la cotisation et l'abonnement au journal
Lignes d'Attac (fixé à 8 € - 52 F))

❏ Il m'est possible d'apporter un soutien complémentaire à
l'association. Je mets à la disposition d'Attac des moyens :
❏ humains (temps, compétences) ou matériels (précisez)
❏ financiers :
   ❏ je procède à un apport supplémentaire de....
   ❏ demande un formulaire pour apport supplémentaire par
prélèvement automatique mensuel de ....
❏ Je ne souhaite pas m'abonner à *Lignes d'Attac* et déduis la
somme de 8 € du montant de mon adhésion.

J'effectue le règlement :
❏ par chèque bancaire ou postal ....
❏ par carte bancaire :
n° de carte :
date d'expiration :
signature

❏ Je souhaite que ces renseignements restent confidentiels et ne
soient pas communiqués au comité d'Attac de ma ville, région
ou pays.

À adresser par courrier à :
Attac-Service adhésions
60646 Chantilly cedex-Franc